TIEMPO DE MEMORIA 139

PETER NEUMANN

LA REPÚBLICA DE LOS ESPÍRITUS LIBRES

Jena, 1800

Traducción del alemán de Raúl Gabás

TUSQUETS
EDITORES

Título original: *Jena 1800. Die Republik der freien Geister*

1.ª edición: octubre de 2021

www.tusquetseditores.com
ISBN: 978-84-1107-016-4
Depósito legal: B. 12.541-2021
Fotocomposición: David Pablo
Impresión y encuadernación: CPI Black Print
Impreso en España

El papel utilizado para la impresión de este libro está calificado como papel ecológico y procede de bosques gestionados de manera sostenible.

Índice

Al día siguiente 9

Primera parte: La revolución inacabada
En el ojo del huracán: Una filosofía se extiende por el continente 13
El riesgo de la libertad: La señora Böhmer ensaya la rebelión 22
Afectuosamente, su mundo exterior: Fichte, Schelling y el yo 32
Gran teatro: Tiempo de prueba 40
Pausa artística en Dresde: En los brazos de la Virgen . . 47

Segunda parte: El año regalado
El más bello caos: *Lucinde* o la audacia del amor 57
El sujeto presumido: Fichte ante la ley 64
Espíritus serviciales: Ida y vuelta a la Luna 76
Abatir o ser abatido: Diabluras literarias 86
El anciano de la montaña: En el paraíso con Goethe. . 93
Intermezzo: El siglo demorado. 99
La historia se hace: Schiller y la tormenta en la Salana 102
Enfado con los evangelistas: Novalis y la religión del futuro 108
Soberanos sin reino: La familia de los magníficos desterrados 114

Tercera parte: El infatigable espíritu del mundo

Hortelanos y sabios: Especulaciones sobre el abismo . . 123
Tiempos pesados como el plomo: Schelling ante la decisión 133
Hegel y los cascanueces: La filosofía no es pienso para estudiantes 140
Kant en quince minutos: Germaine de Staël hace una petición 152
Buscar tierra virgen: En la mina de la poesía. 163

La víspera 173
El curso de sus vidas: Qué fue de ellos 181

Apéndices

Cronología 191
Bibliografía 195
Notas 199
Índice onomástico 209
Créditos de las ilustraciones 213

Al día siguiente

La tierra tiembla. En las casas tintinean los cristales de las ventanas. El cañoneo, sordo pero claro, retumba por todas partes. El ataque procede del sur. A un sonido más fuerte le sigue otro más débil, y poco a poco el ruido se convierte en un estruendo, como si hubiera baterías enteras disparando unas contra otras. Ya han conquistado los puestos avanzados de Prusia junto a Maua y Winzerla, y el resto de las fuerzas se han retirado hacia el norte.

La población se ha acostado vestida y escucha desde la cama. En la ciudad reina un silencio sepulcral. De un momento a otro se oirá una alarma de fuego, y entonces las campanas volverán a repiquetear. Los vecinos permanecen en sus casas, asomándose de cuando en cuando. Todos prestan atención, atemorizados por los acontecimientos inminentes.

Pronto resonarán los disparos de las patrullas francesas por las estrechas callejuelas. Se abrirá ante los ciudadanos un mundo completamente nuevo. Se producirán escenas que nunca se habían considerado posibles. Al alba del 13 de octubre de 1806, la soldadesca vaga hambrienta, iluminando con antorchas unas calles donde hasta hace poco se impartían lecciones de lógica y metafísica, donde los estudiantes conversaban sobre las ventajas de uno u otro sistema, sobre literatura y arte, sobre filosofía de la naturaleza y de la historia. Solo se libran de los pillajes y atracos quienes conservan la calma, o quienes hablan algo de francés y no se muestran hostiles. Hay saqueos y tumultos en todas las callejuelas. A las diez, la mayoría de las viviendas ya han sufrido robos. Los asaltantes buscan dinero, relojes de oro, cuberterías de plata. Y también les interesa el vino, que en aquella región abunda. *Ouvrez la porte!* Se derriba sin demora la puerta del que no acata voluntariamente. ¡Cuidado con dejar abiertas las contraventanas! Si es necesario los soldados romperán también los cristales para poder entrar, no se arredrarán ante nada. En un instante colocan la escalera y ya están dentro.

En el transcurso de la mañana, las primeras tropas regulares, al son de las marchas, entrarán por el sur atravesando la Puerta Nueva e impondrán el orden; los generales y oficiales aparecerán engalanados con sus altos penachos, vistosos y elegantes. La calma regresará a las calles una vez que los traperos domésticos, la canalla y los expertos en martingalas hayan arramblado con lo que han dejado los franceses. ¡Qué tranquilidad tan engañosa! Pues ¿quién sabe entonces lo que sucederá durante el tiempo en que todos temen por sus bienes y su vida? Son horas de inseguridad y miedo, en las que la historia universal y el espíritu del mundo chocan entre sí. La guerra está en el aire. Y habrá guerra. Aquí, en Jena, va a decidirse todo.

Primera parte
La revolución inacabada

En el ojo del huracán

Una filosofía se extiende por el continente

Ha llegado la noche a la Leutragasse 5. Por lo general, durante el día cada uno trabaja o escribe en su habitación. A una hora avanzada, el grupo se congrega en el salón en torno a un pequeño sofá, al lado de la estufa: Fritz y Wilhelm, Caroline y Dorothea, Schelling, Novalis y Tieck. Se sirven té, queso y arenque en conserva, patatas y lo que ha quedado a mediodía. Schelling no deja de tomar pepinillos en vinagre. Apenas les quedan ahorros, y los textos no les reportan mucho dinero, pero eso carece de importancia. Cenan, filosofan y estudian italiano. Conversan sobre la *Divina comedia;* Fritz es un maestro en la cuestión. Cuando diserta sobre Dante, sus ojos brillan y se alisan sus armoniosos rasgos faciales, aunque desde que está atascado en la segunda parte de *Lucinde* aparecen arrugados bajo el peso del trabajo. Cuando recita, se olvida casi hasta de comer.

La primera parte de *Lucinde* apareció medio año atrás, en las vacaciones de Pascua, y, mientras la obra espera su continuación, Schelling compone un gran poema sobre la naturaleza,[1] que tiene que ser el poema de los poemas sin contener nada especial, por lo menos nada especial que aparezca como tal: ha de ser un poema didáctico absoluto, una epopeya especulativa, cuyo único contenido sea la forma incondicional. Está entregado por completo a este trabajo en solitario. Pero estamos en Jena y, naturalmente, la ciudad es demasiado pequeña para que uno pueda pasar inadvertido En la mesa todo el mundo sabe en qué se ocupa Schelling.

Acaba de aparecer su *Primer esbozo de un sistema de filosofía de la naturaleza* y la obra ya está en boca de todos. Las revistas literarias le dedican duros ataques, pero en Jena los estudiantes se ponen a sus pies. Schelling causa extrañeza, se presenta de manera misteriosa, incluso entre sus amigos pasa por ser un libro cerrado con siete sellos. Quien lo contemplara al mediodía, profundamente inclinado sobre la mesa tomando cucharadas de sopa, podría pensar que está ante un mariscal de campo, quizás ante un general francés, pero no ante un gran filósofo. Schelling no quiere encajar por entero ni en la cátedra ni en el mundo literario; es auténtico granito.[2]

Solo una persona es receptiva a esta peculiaridad: Caroline. Ella le dedica mucho tiempo a él, lo mismo que él a ella, a pesar de que la mujer es doce años mayor. Hace poco que, en secreto y para la estupefacción de Caroline, él le escondió una pluma negra en el sombrero. Una pluma negra significa encanto, magia, misterio... Schelling, ante la tertulia reunida, la corteja de manera tan descarada que Novalis, que contempla el espectáculo con el rabillo del ojo, ve emerger el escándalo y presiente cómo las negras nubes de tormenta se ciernen sobre ellos como un cuervo. No obstante, hay algo en Schelling que fascina a Caroline. Su melindrosa forma de ser o su originalidad. Nada más juntarse, aparecen los conflictos. Schelling es, sin comparación, lo más interesante que se le ha presentado desde Wilhelm.

En la ciudad y en la casa se sabe que Wilhelm y Caroline no tienen en mucho el sagrado sacramento del matrimonio. Conviven más bien como buenos amigos, no como quienes se han prometido recíprocamente fidelidad para siempre. Según parece, el matrimonio tiene validez solo sobre el papel y por un tiempo. A Caroline no le preocupan las habladurías de la gente. Que se desmadren las bocas en la ciudad. Ella ya está acostumbrada.

Caroline se presenta como la anfitriona soberana, deja que Schelling la seduzca y mira cómo Wilhelm, por su parte, flirtea con Dorothea. Y así están todos metidos en un enredo. Tieck, por lo menos, cree que es un escándalo. Pero nadie quiere soltar una palabra sobre este tema, tampoco él. Si el mundo exterior se desmorona cada día un poco más, por lo menos aquí, en este reducido círculo, hay que mantenerse unidos.

La Revolución ha quedado atrás. Napoleón Bonaparte le ha puesto fin. Con un sutil golpe de Estado se ha catapultado a la cumbre de la todavía joven república, y ahora, como primer cónsul, conduce desde París la historia del país. El Ancien Régime ha quedado atrás definitivamente. También el papa de Roma, Pío VI, ha fallecido. Ya desde febrero de 1798, después de que las tropas francesas conquistaran los Estados Pontificios, residía en la ciudadela de Valence, y allí ha muerto en prisión. Sin duda se ha producido una cesura. El poder del papado, que durante siglos cuidó de la estabilidad de Europa, está por los suelos. Nunca ha sido tan incierto el futuro, parece como si ya hubiera quedado atrás incluso antes de haber llegado. Son tiempos de desgarro.

También los señores territoriales se hallan en estado de alerta. Temen que el entusiasmo democrático se desborde, que de los estudiantes pase a la gente sencilla y a los artesanos, y luego a los agricultores, a los criados y a los jornaleros. En París un pueblo se ha dado la ley a sí mismo, se ha liberado de la clase que lo mantenía encadenado y ha llegado hasta el final, sin avergonzarse del cadalso.

El duque de Weimar vigila con atención qué lecciones imparte cada sabio, qué tendencias circulan y de todo eso qué cosas y de qué manera llegan al público. Desde Weimar se pone freno a la libertad de espíritu tan invocada en Jena. Se censura el más mínimo intento de familiarizarse con la Revolución. Este verano, a Fichte lo han expulsado de la universidad culpándolo de «ateísmo», lo cual es un mero pretexto. Desde el principio Fichte ha sido para el duque una espina en el ojo. Lo era ya cuando, estando ambos acampados ante la ocupada ciudad de Maguncia, el duque pidió consejo a Goethe sobre la invitación para impartir clases en Jena que iban a cursar a aquel heredero del trono de Kant y a la vez simpatizante de la Revolución.

Esos son algunos de los asuntos disputados que en noviembre de 1799 electrizaban al ducado de Sajonia-Weimar. Libertad, autonomía, es la consigna de estos días. Falta tan solo un fundamento firme sobre el cual erigirla. La violencia descarnada no conduce a ese fin, tal como se ha demostrado en París. La Revolución ha devorado a sus hijos y ha fracasado. Pero ¿qué puede ser más libre que la libertad del pensamiento y del arte? Filosofía y literatura en lugar de activismo político y del tumulto revolucionario. El camino hacia la añorada libertad política pasa a través del ojo de la aguja de la reflexión filosófica y de la imaginación poética. Solo ellas pueden trazar un puente sobre los fosos, solo ellas pueden encauzar el camino hacia este tiempo nuevo, indeterminado por completo. Nadie puede detener el nuevo siglo, que se halla a las puertas. Mientras en París declaran el final de la Revolución, ahora comienza en Jena.

Noviembre de 1799. Jena es algo así como el centro de la cultura y de la vida intelectual de Alemania. Apenas alcanza los cinco mil habitantes y casi una quinta parte son estudiantes; es una ciudad mediana con universidad, industria y comercio en el ducado de Sajonia-Weimar, situada en un valle encajonado entre escarpadas laderas calcáreas. Se trata de un conjunto medieval que apenas sobrepasa el antiguo límite de la ciudad. En el norte se hallan las soleadas faldas de montañas, orladas por las ruinas del castillo, que en otoño se llenan de vino fuerte; y en las amplias praderas del sur, en verano los estudiantes corretean ansiosos por bañarse. Todo el mundo se conoce. El Leutra serpentea a lo largo de los jardines extramuros de la ciudad. Es un delgado hilo de plata que dos veces a la semana recoge las inmundicias diarias a través de las estrechas calles: el contenido de las bacinillas que todas las mañanas a primera hora se arroja por las ventanas; finalmente todo se vierte en el Saale.

Desde 1558 aquí se alza la Salana, fundada originariamente en sustitución de la Universidad de Wittenberg, perdida once años atrás, en la Guerra de Esmalcalda; se instaló en un edificio que fue en el pasado un convento de dominicos. Digamos que nos encontramos en un territorio provinciano de Alemania, con una enmarañada red de estudiantes, profesores y filisteos. Hay tres grandes calles, que se extienden de este a oeste: al norte la Johannis, al sur los Kollegien y en el centro la Leutragasse. De vez en cuando se yerguen edificios impresionantes, muchos de los cuales son casas de profesores, en parte vivienda de académicos y en parte aulas, heredadas de generaciones anteriores. Pero en las callejuelas intermedias se extiende el moho. Mientras que la cercana ciudad de Weimar, la corte de las musas de la duquesa madre Ana Amalia, se ubica en una altiplanicie y ofrece espacio en todas las direcciones, aquí todo está apretado. La luz solar solo penetra en las plantas superiores. Hay hastiales inclinados hacia atrás, y otros que amenazan con caer hacia delante.

A diferencia de los docentes, los estudiantes tienen prohibido habitar fuera de los muros de la ciudad. Todo resulta tan estrecho y está tan comprimido que no queda sitio para respirar. No hay ningún remedio contra las sucias paredes, contra las chinches y los ratones que anidan en la paja de los jergones. Y, sin embargo, esta pequeña ciudad atrae a todos los que son alguien o esperan serlo alguna vez. Pronto se oye en toda Europa que aquí está la auténtica residencia del espíritu. La Academia de Platón se levanta ahora en el Saale.

Johann Gottlieb Fichte, un seguidor brillante de la nueva filosofía crítica, se encuentra allí desde 1794. Kant, desde Königsberg, ha provocado nada menos que un terremoto filosófico. La *Crítica de la razón pura,* aparecida en Riga en 1781, es la obra del momento. Su autor quiere aposentar la filosofía sobre un fundamento sólido. Según él, lo que nosotros conocemos de los objetos depende de las formas de nuestro entendimiento y de las formas de nuestra intuición, que son el espacio y el tiempo. Nada podemos saber acerca de cómo son las cosas en sí. El alcance de nuestro conocimiento es limitado.

La crítica kantiana de la razón sacude el mundo intelectual. Se acabaron todas las pruebas metafísicas de la existencia de Dios. La existencia de Dios no puede ni confirmarse ni refutarse. Sobre las preguntas últimas acerca del mundo, del alma, de Dios, de la libertad y de la inmortalidad, solo podemos decir con seguridad que el hombre, aunque las plantea sin cesar, no encontrará ninguna respuesta a ellas. Moses Mendelssohn, que al principio de los años ochenta observa desde Berlín los acontecimientos, llama a Kant el «pulverizador de todo».

Sin embargo, al principio el libro se cubría de polvo en las estanterías. Tan solo a finales de la década de 1780[3] empieza a recibir en Jena la atención que se merece: aquí se lee, se discute y se comenta; aquí comienza su marcha victoriosa sobre el continente, coincidiendo en el tiempo con la gran revolución que se desarrolla en París, a una distancia de algunos cientos de kilómetros.

El pensamiento crítico se extiende como una onda expansiva a través del continente europeo y precipita al espíritu a una crisis de la que solo él mismo puede liberarse. La máxima de Kant es: «*Sapere aude!* Ten el valor de servirte de tu *propia* razón». Ningún hombre instruido puede obviar ese principio. No hay ninguna isla de verdades eternas, ni tampoco hay ya una ciencia inocente al cobijo de venerables universidades. En París la revolución política, la real, derrumba lo que aquí la revolución filosófica, la ideal, saca de quicio violentamente. Los antiguos sistemas de persuasión ya no tienen validez. Kant es el tiempo nuevo y Fichte es su Mesías.

Desde que Fichte está en Jena, afluyen estudiantes procedentes de todos los rincones del continente: Noruega, Suecia, Suiza, Hungría, Grecia y también Francia. Los que vienen de esta nación o bien han huido del país de la revolución, o bien quieren difundirla, y encuentran en Fichte precisamente al teórico de la autodeterminación política. El hombre no reconoce a ningún otro señor por encima de él, ninguna otra ley más que la impuesta a sí mismo como ser racional.

Con su libro sobre la religión, Fichte se hizo famoso de la noche a la mañana. Los lectores creyeron que aquella obra era la esperada cuarta crítica de Kant. Según este, hay cuatro preguntas que marcan el campo de la filosofía: ¿qué puedo saber?, ¿qué debo hacer?, ¿qué puedo esperar?, ¿qué es el hombre? Y en el fondo, para Kant, las tres primeras preguntas se reducen a una, la última. Con sus tres grandes críticas había delimitado el campo de lo que puede realizar la filosofía y, entre otros asuntos, había abordado la teoría del conocimiento, de la moral y de la estética. Para erigir la filosofía sobre un fundamento seguro, había mostrado las posibilidades y los límites del conocimiento humano, había desarrollado la ética desde los principios de la razón pura y explicado cómo puede haber libertad para el hombre, para un hombre que es a la vez un ser sensible y espiritual, aunque el mundo haya de pensarse como dominado exclusivamente por la necesidad y las leyes naturales. Pero Kant se había descuidado hasta el momento de tomar posición en cuestiones de religión y de lo que se puede esperar.

Parecía que el *Ensayo de una crítica de toda revelación,* publicado anónimamente, había de ser el cierre de la empresa crítica. La sospecha no era desacertada, pues Fichte cree pensar por completo en la línea kantiana. La veneración tributada a Kant es tan grande que Fichte y su esposa Johanna apenas dudan de bautizar a su hijo, cuando llega el momento, con el nombre de Immanuel, de Immanuel Hermann, para ser exactos. Es más, Fichte sostenía firmemente que el pequeño Immanuel era el fiel retrato del Magnífico. Al final, Fichte se desenmascaró como autor del *Ensayo...*, y Goethe lo llamó a la universidad.

También a Schiller se lo ve andar con buen paso por las calles, ataviado con frac azul, pañuelo rojo en el cuello, pantalones amarillos y medias oscuras.[4] Eso siempre y cuando la salud del consejero áulico se lo permite y no lo imposibilita un nuevo empellón de su enfermedad, pues las convulsiones y los espasmos le impiden a veces salir de casa y lo mantienen atado a la cama. Han quedado atrás los tiempos en que Schiller debía abrirse paso entre la multitud y la ciudad entera se alborotaba cuando el poeta hacía su aparición.

Schiller sigue sin superar, en realidad, la crisis nerviosa que tuvo lugar hace casi ocho años.[5] Pero el trabajo no ha disminuido desde entonces. De hecho, acaba de terminar una trilogía, un drama colosal sobre la Guerra de los Treinta Años: *Wallenstein.* Cuando Goethe está de visita en Jena, se arrima siempre a él. Schiller ha hecho ampliar la entrada a la casita en la que pasa los meses de verano, con frecuencia hasta octubre e incluso hasta entrado noviembre, y el motivo de las obras ha sido el coche del príncipe de los poetas, la «casita del coche», tal como se expresaba Goethe con cariño. El consejero privado y el consejero áulico incuban en común materias de filosofía y de poesía, investigación de la naturaleza y la política. También planean un traslado, que el duque apoya: Schiller querría estar en Weimar, más cerca del teatro y del amigo.

Schiller había llegado a Jena mucho antes que Fichte. Pocas semanas antes del asalto a la Bastilla impartió su lección inaugural dos tardes sucesivas en la casa donde ahora vive con su mujer Charlotte, Lolo, y sus hijos. El local, el auditorio Griesbach, que con sus cuatrocientas plazas era el mayor de la ciudad, estaba lleno a reventar.

También Schiller estudió a Kant, especialmente su *Crítica del juicio,* que apareció en 1790. El libre juego de facultades que describe Kant se ha convertido para Schiller en el centro de su idea de una educación estética del hombre. Este reflexiona sobre cómo la imaginación y el entendimiento entran en una acción recíproca en la intuición estética, y sobre cómo el concepto tiene que elaborar la intuición para poder captarla. Según Schiller, el arte libera al hombre del dominio del mero concepto, rompe las cadenas de la necesidad ciega. Solo allí donde el hombre juega es libre por completo.

Kant está omnipresente en Jena. El kantismo se convierte en una auténtica moda. Los compañeros de estudios lanzan conceptos que no entienden, construyen sistemas mientras tintinean como aprendices con la espada, elucubran construcciones audaces, sin saber que estas se desmoronarán ante el más mínimo soplo de la crítica. Son engendros de la cabeza, frases especulativas que giran en torno a sí mismas con tanta pesadez como la rueda de un molino. Lo importante es estar metido en lo que se lleva. Estudiantes de todas las facultades corretean en torno a los filósofos. ¿A quién le preocupa una profesión para ganarse el pan cuando es posible elevarse a la estratosfera del espíritu con Kant, Fichte y Schiller?

Y ahora, en el último año, han llamado a un nuevo profesor: Schelling. Este llevará adelante el pensamiento crítico de manera todavía más radical que sus predecesores. Su credo reza: la filosofía no ha alcanzado el final ni de lejos. Considera fundamentalmente falso desterrar las preguntas últimas del terreno del pensamiento crítico. Los resultados están ahí, solo faltan las premisas.

Schelling se adelanta a su llamada. Antes de ocupar su puesto en Jena, mientras pasaba su último verano en Dresde con los dos hermanos Schlegel, Wilhelm y Fritz, con Caroline, Novalis y Fichte, estaba ya ascendiendo al trono como nuevo heredero de la filosofía crítica. Y, apenas llega a Jena, lo pone todo patas arriba.

El riesgo de la libertad
La señora Böhmer ensaya la rebelión

Todavía se murmura sobre ella en las calles de Jena cuando la mujer camina lentamente por el mercado. Eso sucede los martes, los miércoles y los sábados, mientras las labriegas, ignorantes de la trastienda, se afanan entre sus canastas, carretas y tenduchas, lanzando sus voces atronadoras: ¡fruta fresca!, ¡verduras frescas! Se cuenta que Caroline Schlegel anduvo confabulada con los jacobinos en Maguncia, al lado de Georg Forster, el famoso investigador de la naturaleza y narrador de viajes, cuando las tropas revolucionarias conquistaron la ciudad y se proclamó la república sin pensarlo dos veces. Era la revolución desde abajo. Fue la primera república en territorio alemán.

El tiempo de Maguncia no transcurrió sin dejar huellas en Caroline. Experimentó en su propio cuerpo qué significa pasar de ser una entusiasta espectadora de la revolución a una secuaz perseguida. Conoce el momento en el que la propia vida se descarría, los acontecimientos se agolpan ante uno y todo está en juego. Caroline sabe qué se siente cuando solo la mano auxiliadora de un amigo puede salvarnos del abismo que en realidad ya nos ha tragado. Su nombre da testimonio del camino hacia el destino que ahora le pertenece: Dorothea Caroline Albertine, Michaelis de nacimiento, viuda de Böhmer, casada de nuevo con Schlegel.

Caroline todavía es en Jena la «famosa Madame Böhmer», que «frecuentaba el club de Königstein». Ahora la miran con curiosidad y rechazo, y no solo Karl August Böttiger, el intrigante periodista de Weimar, siempre atento a los chismes. Hace poco Caroline ha escuchado en el mercado cómo cuchicheaban dos mujeres mientras se probaba un sombrero de ala ancha. La prenda le sentaba bien, a Schelling le gustaría. Con el rabillo del ojo ha observado cómo aquellas dos la señalaban furtivamente con el dedo. Son habladurías inevitables en una ciudad pequeña como Jena.

Cuando Caroline oye el nombre de Königstein vienen rápidamente a su memoria los horrores de aquellos días en los que ella estuvo prisionera en la fortaleza de Taunus, cuando en abril de 1793 intentó huir de Maguncia a Gotha para refugiarse en casa de sus amigos, la familia Gotter. La detuvieron en un puesto avanzado de Prusia, pocos kilómetros después de Oppenheim, al sureste de Maguncia; allí la registraron y, después de una breve inspección del pase, la llevaron al cuartel principal en Frankfurt. El nombre de Böhmer era conocido en el aparato oficial. Georg Wilhelm, cuñado de Caroline, había colaborado estrechamente con el general Custine, el cabecilla de la revolución. ¡Malditos demócratas! Le confiscaron el equipaje de viaje. Desde el cuartel principal fue directamente a prisión. En lugar de gozar de los árboles de la libertad que habían plantado durante el tiempo de la revolución, se vio en un cuarto oscuro. Maguncia había sido para Caroline la interrupción, largo tiempo soñada, de una vida demasiado limitada.

Johann David Michaelis es hijo de un reconocido teólogo y orientalista en la antigua y prestigiosa Universidad de Tubinga, baluarte de la Ilustración alemana. A Goethe le habría gustado muchísimo estudiar con él.[1] Michaelis vive en una de las casas más lujosas de la ciudad, en la Prinzenstrasse, justo enfrente de los edificios de los colegios y de la biblioteca. Aquí crece Caroline, en un mundo erudito, en sociedad con todos los corifeos que llegan como invitados a casa de su padre. Hay que guardar las formas constantemente.

Poco antes de cumplir los veintiún años es entregada en matrimonio a Johann Franz Wilhelm Böhmer, que tiene diez años más y es médico oficial de minas; se casa con él y le sigue a Clausthal en Oberharz. Un año más tarde, en 1785, nace su hija Auguste. Caroline deja para más adelante sus propios anhelos por investigar. El reparto de papeles es evidente.

Cuatro años después de la boda, su marido muere a causa de una infección. Entretanto, ha nacido Therese, la segunda hija; se pone en camino otra vida. Caroline no ve más salida que volver a Gotinga. No se siente segura, pero ¿qué va a hacer en Clausthal, donde apenas hay otra cosa que cursos sobre minería y metalurgia?

No tiene demasiado tiempo para reflexionar. Primero muere su hijito Wilhelm, pocas semanas después del nacimiento, y luego Therese corre la misma suerte. Cuando fallece también su padre, toma la decisión de ir a Maguncia. Al verse entre la espada y la pared, no le queda otra alternativa que la huida hacia delante.

En Maguncia conoce, entre otras personas, a Forster, que ocupa el puesto de director de la biblioteca en la universidad de esa ciudad, y a su mujer Therese, hija de Christian Gottlob Heyne, especialista en ciencias de la antigüedad. En Gotinga, Therese, Meta Forkel, Dorothea Schlözer y Philippine Engelhard pertenecían a un grupo de hijas de profesores que querían también ser académicas ellas mismas y ejercer la actividad literaria, escribir tratados y poemas. Ya entonces regían otros lemas: ¡salgamos de los caminos estrechos!, ¡aprendamos francés, inglés e italiano!, ¡leamos a Shakespeare, Hume y Goldoni!, ¡acabemos con las desdichadas tardes de té! Caroline conoce la mentalidad republicana de Forster. Cuando llega de Gotinga no tiene idea de lo peligrosa que puede ser la ciudad de Maguncia. Allí encontrará rebelión en lugar de decoro.

No se había planteado que la hazaña de la libertad fuera a terminar en una reclusión carcelaria. De la guerra, en caso de producirse, había esperado una vivificación, una renovación de aquel tiempo anquilosado. Caroline soñaba con poder contar a sus nietos su participación en un asedio y cómo le habían cortado su larga nariz a un dignatario eclesiástico en la plaza del mercado.

Casi se alegra de que Auguste se encuentre con ella en la prisión. Ciertamente Gustel es todavía una niña, pero al menos puede confiarse a ella cuando no sabe qué hacer. Y eso sucede muchas veces, más de las que querría. La situación en Königstein es desoladora. Una celda con siete reclusos. Además, Caroline está embarazada. No de Forster, por mucho que Therese y medio mundo intenten atribuirle una relación con él. No, la cosa es mucho peor: está embarazada de un oficial que pertenece a las fuerzas de ocupación, precisamente nieto y ayudante del general Ervoil d'Oyré, que ha recibido el timón de Costune. Y mientras en la lejanía retumban los disparos de los aliados, se queda embelesada recordando la alegría desbordante de aquella noche de baile, ebria de libertad en el día de la conquista.

Caroline no se siente culpable, de ninguna manera, no hay motivo para las acusaciones que se alzan contra ella: colaboración con los franceses. Nunca habría puesto a Auguste en semejante peligro. Y si hubiese hecho lo que se le recrimina, lo confesaría. Entretanto, Forster está en París. Caroline no puede esperar de él apoyo de ningún tipo. Se considera a sí misma una rehén política.

Los días de prisión son largos. Caroline nota cómo el tiempo se detiene por completo. Ha visto demasiadas escenas terribles: prisioneros torturados hasta la muerte, sin que los hubieran escuchado o siquiera procesado. En una ocasión, permanece en la cama durante tres semanas. Pero Gustel está allí. Debe resistir por amor a ella.

En su desesperación confía en que se satisfaga la fianza, pero nadie está dispuesto a depositarla. Ni siquiera la puede ayudar Goethe, el influyente consejero privado y ministro al que ella una vez saludó con entusiasmo en su casa paterna de Gotinga y a quien ha visto de nuevo en Maguncia durante el pasado mes de agosto; aunque en este encuentro prefirieron no hablar de política. O la rescatan pronto o perecerá en aquellas circunstancias. Libertad absoluta o tiranía absoluta: esta era la solución de Forster, la que la atrajo hacia Maguncia. En eso nada ha cambiado. El fuego de los aliados cae sin cesar sobre la ciudad.

Hace algunos años que han estallado las guerras revolucionarias en Europa, y los franceses pululan por doquier. Austria, Prusia y pequeños Estados aliados decretan la movilización, para luchar contra «la influencia *(influenza)* de la libertad»,[2] que en Francia se propaga como un virus peligroso. Hasta Maguncia se ha extendido la revolución. Si no se interviene ahora, mañana puede ser demasiado tarde.

Las clases altas del Antiguo Régimen reaccionan casi histéricamente contra los acontecimientos políticos de Maguncia. En todas partes se husmea el peligro de revolución. Cuando el príncipe elector Friedrich Karl Josef von Erthal tiene que huir de su propia ciudad, hace borrar sin demora las armas grabadas en la puerta del coche. Georg Wedekind, su antiguo médico de cabecera, se ha pasado a los revolucionarios. Más vale prevenir. La ira del pueblo arroja de la corte a los que gobernaban por la gracia de Dios.

A finales de mayo de 1793 el duque Carlos Augusto de Weimar y su ministro se unen a las fuerzas aliadas. Algunas unidades de Prusia y Austria, a las que se añaden también contingentes de Sajonia, de Hesse y del Palatinado, sitian ahora la ciudad bajo el mando supremo del general Friedrich Adolf von Kalckreuth. Las posiciones de los franceses no están en desventaja. Igual que en la expedición militar del otoño anterior, Goethe acompaña al duque en la guerra. En esa campaña[3] los aliados tuvieron que darse por vencidos. Algo así no podía repetirse. Hasta el ataque decisivo contra la república, Goethe dedica su tiempo a la teoría de los colores, cuyos estudios hubo de interrumpir por la preparación de la campaña. Desde su punto de vista la naturaleza es paciente, a diferencia de la historia. Ningún hombre puede saber qué será lo próximo en acontecer, qué suceso sobrevendrá a esta u otra vida. Mientras que la historia siempre está a punto de dar el salto, en relación con la naturaleza hemos de decir que no hace saltos, por más que ninguna configuración sea igual a otra. Goethe contrapone el carácter de evento de la historia a la constancia de la naturaleza, que es algo así como un acto de autoafirmación en medio de un tiempo desatado en todos sus cabos.

Richard Earlom, *El saqueo de la bodega real,* 1792, página de un grabado a media tinta que reproduce una pintura de Johann Joseph Zoffany.

Cuando surge la ocasión, el duque se le acerca. Es una distracción provechosa. Carlos Augusto, que, como muchos otros observadores, acogió con agrado el acontecer de la revolución en París y quería ser «testigo visual», teme ahora que el espíritu destructivo de esa revolución pueda saltar a Alemania en cualquier momento y devastar regiones enteras. Maguncia no está muy lejos de Weimar. Si Austria, Prusia y Rusia no hubiesen resistido con fuerza el torrente de la historia, los disturbios habrían hecho ya acto de presencia en varias regiones de Alemania. Gracias a Dios las grandes potencias han esparcido un contraveneno frente a la anarquía, pero la enfermedad va de mal en peor.

En casa, en el ducado de Sajonia-Weimar, de nuevo hay que apretar un poco las riendas. Nada debe perturbar la paz. El año anterior, Gottlieb Heinrich Hufeland quiso dar por primera vez una lección sobre la Constitución francesa que la Asamblea Nacional acababa de aprobar. Pero si en alguien se puede confiar es en el consejero gubernamental Voigt, y Hufeland prefirió evitar los problemas con el gobierno. Sin embargo, Carlos Augusto sabe también que no todos los intelectuales en Jena y Weimar son tan sumisos. Se fía solamente de los amigos más íntimos.

En estos tiempos revueltos, Goethe va otra vez un paso por delante de su duque. Cuando se trata de aclarar el asunto de la sucesión de Reinhold, un kantiano convencido, tiende sus tentáculos hacia el filósofo Johann Gottlieb Fichte, un demócrata fervoroso, según es sabido, del cual se rumorea que simpatiza con la revolución.

Por razones académicas es obvio llamar a Fichte como heredero del trono de Kant. Esa adquisición sería un logro incomparable para la universidad, y ejercería una fuerza magnética sobre los estudiantes de Europa entera. *Reivindicación de la libertad de pensamiento ante los príncipes de Europa, que hasta ahora la han reprimido* es el título de la obra con que Fichte ha causado sensación recientemente, no en último lugar en Weimar. Wieland ha hablado de Fichte con buenas palabras; en cambio, para el autor «anónimo» de una recensión en la *Allgemeine Literatur-Zei-*

tung, Fichte es un «tipo miserable». En cualquier caso, en esos días sería difícil hallar una adhesión más clara que la de Fichte a las ideas de la Revolución francesa. Es un «jacobino alemán» y, sin embargo, Goethe intenta llamarlo a Jena. Lo que faltaba.

Esta cuestión no es una de las menores que han de abordarse en el campamento militar ante Maguncia mientras el verano irrumpe en las alturas del Rin y las tropas aliadas acampan entre vides dilaceradas y campos mutilados, segados, pues se ha dado orden a los labradores de cortar la mies para que los soldados franceses no puedan acercarse furtivamente protegidos por las espigas. Y día tras día, hora tras hora, llegan otras noticias alarmantes de heridos y muertos, sin perspectiva de que con el tiempo la situación vaya a mejorar. Los días son polvorientos y cálidos, y las noches, fantásticas. Cunde el malestar entre los regimientos; el tiempo se mueve en círculos en torno a horas inexistentes. Ni siquiera quienes cierran los ojos pueden ver revolotear mariposas sobre flores con olor a miel.[4]

El 18 de julio comienza el bombardeo. Día y noche resuenan los disparos. Arden iglesias, torres, calles enteras. Cuatro meses después de la fundación de la república de Maguncia, el 23 de julio, Austria, Prusia y sus aliados por fin reconquistan la ciudad. Se ha cumplido en todos sus frentes el temor de Forster,[5] el de que los alemanes, este pueblo rudo, pobre y sin formación, no sean capaces de llevar a cabo ninguna revolución. Mientras Goethe y el duque cabalgan por las calles bombardeadas, ascienden tenues hilos de humo sobre los tejados.

Caroline logra la libertad de forma indirecta. La habían trasladado a Kronberg, una pequeña ciudad a una hora de distancia de Königstein, donde podía salir en todo momento al aire libre, aunque seguía siendo una prisionera. Philipp, su hermano más pequeño, pudo conseguir su liberación a través de una amiga cercana que tenía buenos contactos con el rey de Prusia. Así que finalmente abandona ese terrible ambiente.

Sale despojada de todos los honores y con la salud quebrantada. Se confía a August Wilhelm Schlegel. Cuando estudiaba en Gotinga, Schlegel había intentado conquistarla, pero en el momento más férvido, ella, hija de una prestigiosa familia, lo había rechazado, ignorado y ofendido profundamente. Ahora aprovecha su segunda oportunidad.

Conocedor del destino de Caroline, Wilhelm viaja directamente de Holanda a Frankfurt. Le devuelven a Caroline el equipaje que le habían confiscado al detenerla, pero no el dinero. La mujer carece de todo. Wilhelm le da su apellido a la caída, a la proscrita. Esta deja en casa de unos padres acogedores al hijo que ha alumbrado en la ciudad sajona de Lucka entre dolores insoportables.[6] Wilhelm Julius tiene un año y medio de edad.

En el verano de 1796, justo después de la boda, Caroline y Wilhelm se trasladan a Jena. La decisión estuvo mediada por la invitación explícita de Schiller, que quiere ganarse a Wilhelm para él y para su proyecto de la revista titulada *Die Horen*. Parece que la vida vuelve a transcurrir por cauces tranquilos. El matrimonio se instala primero en una casa del comerciante Beyer en el mercado, y también ha arrendado un pequeño jardín a las puertas de la ciudad. Wilhelm le había prometido dos cortinas blancas, pero en realidad cuelgan un par de andrajos grises delante de la ventana. La casa está descuidada y es pequeña, pero de momento es suficiente. Hace poco que Wilhelm ha traducido este bello pasaje de *Romeo y Julieta:* «Ningún bastión de piedra puede defenderse del amor, y el amor se atreve a lo que de algún modo puede». Todo un reino por un pecho.

En otoño se trasladan a un patio interior cuadrado en la Leutragasse, uno de los mejores emplazamientos. Pertenece a la casa Döderlein,[7] en la que desde 1797 vive Friedrich Niethammer con su mujer Rosine Eleonore Döderlein, viuda de Johann Christoph Döderlein, miembro del consistorio muerto en Jena en el año 1792. El patio interior está separado de la parte anterior de la casa por un arco de medio punto, y así queda protegido de los estudiantes cuando se producen altercados, pues a estos les gusta romper los cristales de las viviendas de los profesores. La Revolución no solo produjo disturbios en Francia, también abundaron en Jena. Los Schlegel deben a un gesto de amistad del teólogo y filósofo suabo el hecho de habitar esa vivienda.

Tal como es usual para los profesores, el complejo está configurado con magnificencia, tiene biblioteca y auditorio propio, donde caben hasta cien estudiantes. Wilhelm espera poder dar clase allí sobre estética e historia de la literatura antigua, sus especialidades. Ha iniciado negociaciones al respecto. Llegado el caso, para acceder al auditorio subiría por el patio interior a través de la escalera de caracol.

Caroline, en compañía de Wilhelm, se siente apreciada por primera vez. De alguna manera empieza a sentirse familiarizada con el valle, digno de contemplación, en el que ambos viven. Y así es como han venido a parar aquí, a Jena. Poco puede importarle lo que se chismorree en la calle sobre ella, su persona y su historia. Cuando Fritz y Dorothea se muden allí el año próximo, la situación será mejor aún, más emocionante. Podrían vivir todos juntos en una especie de vivienda comunitaria.

Parece como si el recuerdo del tiempo difícil en la prisión palideciera lentamente. Pero no puede olvidar que la gran Revolución, que se propaga como una fiebre, le ha mostrado su peor cara. Hasta que Schelling llega a Jena, la Revolución no es sino una utopía fracasada.

Afectuosamente, su mundo exterior
Fichte, Schelling y el yo

Se muestra autoritario a juzgar por su pose, la cabeza echada hacia atrás, los amplios pómulos, la frente alta, las manos colocadas con elegancia sobre el púlpito. Está dictando clase en el auditorio Griesbach, exactamente igual que Schiller muchos años atrás.

El 18 de octubre de 1798 imparte Schelling su primera lección en Jena, su primerísima lección. Los estudiantes se apretujan y son todo oídos. A Schelling se le atribuye genialidad, pero también terquedad y una buena dosis de arrogancia.

En el cartel publicitario de la lección ha anunciado dos actividades docentes: una lección magistral «Sobre el concepto y la esencia de la filosofía de la naturaleza» y además un curso privado sobre «El sistema de la filosofía de la naturaleza según mi propio esbozo».

Schelling habla de la naturaleza como una fuerza eternamente creadora, siempre renovada y que no se detiene nunca. Para él, en su origen la naturaleza es una con el espíritu, y todo debe entenderse desde la idea del espíritu; basta con elevarse a la perspectiva de la razón para entender el mundo como una totalidad, para hacer transparente cada cosa de cara a la unidad que la penetra. Con Kant y contra Kant, llama a esto «intuición intelectual»; desde su punto de vista, eso es conocimiento directo. Ya no habla en absoluto de un no-yo como el que Fichte quería deducir de un yo originario según un riguroso método deductivo; a Schelling no le dice nada una realidad sin sonido, forma ni color. Todo ello va dirigido contra Fichte, para el cual la naturaleza está muerta y es un mero objeto de conocimiento.

Schelling predica el antiguo *«Hen kai pan»*, «uno y todo». La doctrina de Heráclito, según la cual todo brota del uno y vuelve al uno, domina la lección de la primera a la última palabra. Hay que liquidar de una vez por todas el mero dualismo, la idea de que aquí está el concepto y allá la intuición, aquí las formas del entendimiento y allá los objetos de la intuición exterior. Naturalmente, esa concepción es más antigua que la filosofía crítica, en el fondo se remonta a Descartes, el padre fundador de la filosofía moderna. La renovación intelectual de la época solo se logrará si miramos a través de todo lo particular y confuso hasta penetrar en la unidad infinitamente superior que lo comprende todo bajo ella.

Si la revolución no terminada de Kant debe consumarse alguna vez, y si debe superarse algún día el antagonismo social que ha provocado el fracaso de la Revolución en París y que se agudiza cada día más, eso solo puede lograrse mediante una filosofía que ya no se maneje con ningún dentro y ningún fuera, ningún sujeto y ningún objeto, y solo sepa de un único absoluto que se da a conocer en todas las formas de la realidad. En medio de la naturaleza el espíritu se reconoce a sí mismo y se encuentra a sí mismo, en el espíritu del hombre la naturaleza abre los ojos y llega al conocimiento de que ella está allí. La naturaleza es solo la otra cara del espíritu, no su malvada madrastra.

Fue una idea, nada más. Habían estado sentados en torno a la gran mesa redonda en la taberna: jarras de cerveza, trepidar de tapaderas, el denso humo de las largas pipas de tabaco... Lo habitual en las tertulias de los gremios de estudiantes.[1]

Una idea. Nunca habían hecho nada semejante. No había muchas ocasiones para mostrar el enojo. Ya habían salido una vez de la ciudad para protestar contra el traslado de las tropas ducales a Jena, después de discutir duramente con los «chocolatistas». Se llamaba «chocolatistas» a los estudiantes que creían poder allanar todas las disputas tomando una taza de chocolate, a los que no tenían ningún sentido del honor y se avergonzaban de llevar la espada en lugar de la palabra y a los que denunciaban ante la autoridad los duelos prohibidos. La presencia de las tropas ducales era acicate suficiente para defender la libertad académica.[2] Y habrían llegado hasta Erfurt si el duque no hubiese tenido el acierto de retirar de nuevo a los militares de la ciudad. De todos modos, habían llegado hasta Nohra, cerca de Weimar. ¡Viva la libertad académica!

Al final del día se presentó la ocasión. Había que actuar. Había terminado la última ronda de copas. A los clientes que quedaban los echaron del local. También se mueven algunas figuras en la cercana aduana, en la que el personal de transporte y los comerciantes tienen que pagar impuestos al cruzar el puente. Es el camino hacia la otra orilla del Saale. En el centro está la cruz de piedra, el límite que separa Jena de Camsdorf, y debajo discurre con pereza el río.

Corren leyendas sobre el puente. Según se cuenta, a principios de siglo un caballo saltó sobre la barandilla y se precipitó a la muerte junto con su jinete. Desde entonces, en noches de luna llena puede oírse el traqueteo de los golpes de los cascos del caballo mezclados con el murmullo del río.

Tienen delante los muros de la ciudad, y más allá se hallan las montañas. En lo alto se ve el Jenzig, cuya cúspide en este momento casi toca la luna. Los estudiantes cruzan la puerta. Ahí está ya la casa del profesor, justo después de la Torre Roja.[3] Este quiere prohibir el gremio estudiantil y los desafíos armados. ¿Disolverse voluntariamente? Ni pensarlo. Eso no va con ellos. Otro «chocolatista» más.

Tiene que ser un susto, solo eso. Dan unos pasos alrededor de la casa, con las sombras proyectadas en las paredes; primero más largos, luego más cortos. Inspiran, sueltan el aire. Se arman de valor, pero ¡quietos!, hay luz en las ventanas. Acaba de encenderse. Rápido, contra la pared. La piedra en la mano pesa. La han cogido de la orilla del Saale, alisada por los cascos del caballo. Un susurro. La luz se ha apagado. Y de nuevo expulsar el aire. Inspirar. Armarse de valor.

Con un impacto los cristales se hacen añicos. Antes de que pueda moverse algo en la casa, los estudiantes han huido a toda prisa. Lo mejor sería verlo rabiar ahora en su habitación. Sí, el yo absoluto puede sufrir un gran arrebato de ira si advierte hasta qué punto puede estar vivo un no-yo de ese tipo. El no-yo es capaz de romper cristales, es desobediente, despiadado. La dura realidad. Hay algo más que una pelota que el yo arroja contra la pared para cogerla de nuevo en la reflexión. Afectuosamente, su mundo exterior. [4]

A mediados del verano, Schelling sigue siendo profesor particular en Leipzig. Allí le llega una carta de Jena, firmada por el consejero privado Goethe en persona. Schelling la lee, se queda perplejo y sigue leyendo: «Por la presente recibe usted una copia del benigno rescripto que el Serenísimo ha enviado a la Academia de Jena». ¡Por fin ha llegado la tan esperada llamada! Schelling tiene en la mano el documento con el sello del duque, que no ha tenido ni que pedir. No lo querían en Tubinga, donde, de todos modos, habría sido insoportable el aburrimiento, con toda la indignación de la ortodoxia hacia la gran revolución kantiana. Ya entonces se había refugiado en sus amigos y compañeros Hegel y Hölderlin.

En Jena la situación es diferente. El duque adora las ciencias, y por eso ha buscado para la corte, en la persona de Goethe, a un ministro con el que compartir esta pasión. Y Goethe, de una u otra manera, participa en todas las decisiones importantes en relación con el nombramiento de profesores de la universidad. Como ahora.

A principios de año, Goethe había leído el texto de Schelling *Sobre el alma del mundo,* que le había entusiasmado. «Alma del mundo», parecían las palabras mágicas, buscadas desde hace tiempo, que podían abarcar la aparición de la naturaleza, la historia e incluso el universo entero, y con ello quizás podría salvar aquel abismo que había dejado el desgarro incurable de la época.

Goethe busca el intercambio con Schelling precisamente porque quiere saber qué se puede esperar todavía de la filosofía, con la que tantas veces ha disputado por encontrarla demasiado especulativa y abstracta. Le repugna la mayor parte de la literatura filosófica de su época, pero le cae bien un filósofo de la naturaleza como Schelling. Le cae bien a un Goethe entregado en cuerpo y alma a la investigación de la naturaleza, a la que ha llegado a poner, en especial con su teoría de los colores, por encima de su poesía.[5] Para él la naturaleza es siempre espíritu, y el espíritu siempre es naturaleza. No hay ninguna oposición, por lo menos ninguna oposición que no pueda superarse en un todo superior. Con su descubrimiento del hueso intermaxilar,[6] que aportaba un argumento decisivo en el campo de la relación entre el hombre y los animales, Goethe había demostrado de manera suficiente la conexión entre los dos reinos. Queda probada la veracidad de la antiquísima idea aristotélica de una *scala naturae,* de una construcción del mundo por niveles, siempre y cuando se tenga en cuenta que las formas pueden cambiar y no tienen por qué seguir una rigurosa jerarquía previamente dada. Esa escala graduada conduce desde lo inorgánico a lo orgánico, desde lo más pequeño a lo más grande. Todo es uno.

Las tesis que lee en Schelling, y que reconoce como propias, electrizan al consejero privado. Si sus coetáneos con bastante frecuencia lo consideran el pensador de los poetas, parece que en Schelling haya encontrado a su pareja complementaria: al poeta de los pensadores. Durante mucho tiempo ha estado esperando a alguien como él.

Finalmente, en Pentecostés, Goethe convoca un encuentro a tres con Schiller en su casita. Se sientan juntos en la gran mesa de piedra, bajo la pérgola, hasta pasada la puesta del sol, hasta que ya es noche cerrada. Schelling sabe impresionar, ha superado la prueba, desaparecen las últimas reservas. También Fichte apoya el proyecto, lo quiere conocer en Dresde durante el verano. No se pueden desear mejores intercesores, teniendo en cuenta sobre todo que Schelling no está habilitado y, en ese sentido, el procedimiento va contra las costumbres académicas, que la Universidad de Jena tiene en alta estima. Ni siquiera se recaban informes.

El 5 de julio de 1798 se cursa la llamada a Schelling. En un inicio, el encargo docente es tan solo de profesor asociado, sin sueldo. En el futuro habrá de impartir dos clases: una lección magistral semanal y un curso privado. Mientras que la lección magistral ha de ser gratuita, por el curso privado Schelling puede exigir honorarios. Y obtendrá un dinero adicional por los derechos del curso, que se aplican semanalmente. Schelling tendrá que explicarles a sus padres que tardará en regresar a la patria suaba, lo cual los decepcionará. Pero quien tiene la oportunidad de ser profesor asociado en Jena, en un país tan duro, lo único que puede hacer es «mear en la pared filosófica».

El mismo día en que Schelling recibe en sus manos el nombramiento, renuncia a su puesto de preceptor en casa de la familia Rätsel. Sus dos pupilos deberán arreglárselas sin él a partir de este momento. Dresde llama. Goethe, en su encuentro, le había contado cuánto apreciaba la colección de antigüedades y la galería del Neumarkt. Según él, el concepto ha de formarse en la intuición, no a la inversa.

Mes y medio permanecerá Schelling en la ciudad con el fin de prepararse para su estancia en Jena. Fritz y Wilhelm, Novalis y Fichte aguardan con impaciencia el momento de reunirse con él.

En el plano retórico, la primera lección fue una catástrofe. Debería hablar más despacio y prepararse mejor. Por ahora todo parece forzado.

En la preparación de las sesiones se acuerda mucho de Caroline y de su agilidad mental. Hace poco, en la reapertura del teatro de la corte de Weimar, se acercaron mucho. Se representó una obra de Schiller, *El campamento de Wallenstein*. Las imágenes pasan por su mente: la nueva sala, la fiesta inaugural al final, el regreso nocturno a casa, sin Wilhelm.

Schelling prueba con un tono elevado. Se ha propuesto rebasar el límite supremo de lo pensable, y apenas se preocupa de quienes ni siquiera intentan seguirlo hasta allí. Habla deprisa, demasiado deprisa, de forma precipitada, en el fondo habla para sí mismo y apenas les da tiempo a los pensamientos, que se tambalean en sus labios, para que se desarrollen y reposen.

Mientras que Fichte es un auténtico virtuoso en la cátedra y se le conoce por su habilidad para incitar a sus estudiantes a pensar por sí mismos y a pensar con él, dentro de la mejor tradición ilustrada, aunque a veces llegue a sobrecargarlos, es decir, mientras que el veterano busca de manera permanente el contacto directo con sus oyentes, el recién estrenado Schelling carece del necesario brillo retórico, le falta un hilo comunicativo con su público. Fichte no tiene un lenguaje bello precisamente, pero sus palabras son claras y contundentes: «Piensen ustedes en la pared», exclama ante sus oyentes. «¿Han pensado en la pared? Ahora, señores míos, piensen en el que ha pensado la pared», y con ello envuelve a los presentes en una desesperante confusión, pues, naturalmente, el acto por el que el propio yo se convierte en objeto de la reflexión no puede por menos de provocar a su vez un nuevo acto de reflexión, y así nos vemos envueltos en un círculo del que no podemos escapar.[7] El propio yo no es un objeto de conocimiento, no es objetivable, solo puede hallarse en una reflexión sobre lo que precede siempre a la experiencia: «Yo» es en verdad el sujeto trascendental. Es el primer paso especulativo.

Las lecciones de Schelling carecen de semejante ímpetu. Producen un efecto sombrío y misterioso. Es incuestionable que sostiene cosas importantes, pero a la velocidad con que habla resulta difícil tomar apuntes. Y, sin embargo, los oyentes atienden boquiabiertos.

Hay una persona que siente especial entusiasmo por Schelling, un noruego que es profesor asociado y no tiene muchos más años que él: Henrik Steffens. Ha viajado por su cuenta desde Kiel para escuchar a Schelling, fascinado por la idea de una filosofía de la naturaleza. En la noche misma de la lección inaugural hizo una visita de cumplido a Schelling. La primera lección y ya había conseguido un alumno.

Tras las primeras clases, la cosa está clara. No solo es Steffens, todos los estudiantes idolatran a Schelling. Es cierto que entienden poco de lo que él dice, pero precisamente esto les resulta atractivo, pues lo hace único. Con frecuencia se escapa lo que pretendía encontrar. Se mueve en un círculo mágico del que todo sale y al que todo regresa. Da igual que perezca o resucite el mundo ahí fuera, que Bonaparte venza o pierda, que Europa se arrodille ante él o se alíe en su contra: ante la filosofía de Schelling, que es una filosofía del absoluto, todo comienza a brillar, hay cada vez más esplendor, hasta que ya no queda nada por ver, pues todo se ha convertido en una luz clarísima.

En la ciudad pronto todos tienen claro de dónde viene la afluencia de personas, ya avanzada la tarde, en las cercanías del castillo de la ciudad, cuál es el origen de la aglomeración de gente ante el auditorio Griesbach. Los habitantes de Jena saben que el reloj ha dado la hora en la que Schelling termina su lección de filosofía de la naturaleza.

Gran teatro
Tiempo de prueba

¡Qué demostración de fuerza! El propio Goethe se ha ocupado del asunto, yendo de aquí para allá sin parar. Nota la emoción poco antes del estreno. En definitiva, ha de ser el comienzo de una nueva época, de un teatro completamente nuevo.

Goethe reconoció la ocasión del momento. Se discutía desde hacía tiempo la reconstrucción del teatro de Weimar, pero faltaba el empuje decisivo. La oportunidad se presentó cuando Nikolaus Friedrich Thouret, arquitecto de Stuttgart, llegó a Weimar para reconstruir el castillo de la ciudad.[1] La presencia de un arquitecto despierta la ilusión de construir.

Desde la fundación de la sociedad ducal de actores en el año 1791, el antiguo teatro de la comedia no cumplía las condiciones exigidas por el moderno trabajo teatral. Se necesitaba una nueva sala para un nuevo teatro, un espacio que hiciera posible una visión y audición igual desde todos los asientos. Esa tarea entrañaba también dificultades técnicas.

Thouret consigue hacer una obra de arte. Dentro de un plazo muy breve, se construyen columnas, galerías y balcones, se prepara el telón, y se llena todo de adornos, pinturas y remates dorados. Los trabajos de reconstrucción apenas duran tres meses. El armazón interior de la instalación teatral, iniciado en julio, está terminado a mediados de agosto. El diseño tiene cierto aspecto griego. Columnas de granito pintadas que rodean la platea en semicírculo; dieciocho columnas dóricas estriadas, al estilo del mármol cipolino de primera clase, y a esto se añaden las filas de asientos que ascienden en semicírculo. Además, se rebaja el suelo para colocar las gradas y aligerar el espacio. *Voilà!*, a finales de septiembre están terminadas las obras de restauración.

Thouret ha cumplido la promesa que hizo a su propietario: la nueva construcción es seria, pero no pesada; suntuosa, pero no recargada. A partir de ahora habrá en Weimar tres representaciones a la semana: los lunes, los miércoles y los sábados. Para la reapertura se ha hecho una excepción y la inauguración se ha programado para un viernes.

Entretanto, Goethe tiene que atender también a otro tipo de obras. Ha modificado el prólogo de la obra del estreno. El cambio no es muy importante, pero no deja de ser atrevido. Solo puede esperar que Schiller sea comprensivo.

El público está entusiasmado con la nueva sala. Nada recuerda al antiguo teatro cortesano con palcos de la anterior «sociedad de aficionados». El trazado de líneas es claro, no abundan los motivos decorativos. Se han eliminado los arabescos barrocos. Solo el palco del duque tiene una decoración especial. Por lo demás, los adornos son sencillos. El espacio está dispuesto con esmero, ha sido pensado hasta el más mínimo detalle. No se puede quitar ni añadir nada, de acuerdo con la más breve definición de lo clásico.

Todo el que es alguien asiste a la reapertura de la casa. También informa del acontecimiento el famoso *Journal des Luxus und der Moden,* editado en Weimar. Karl August Böttiger ha enviado la información. Es un entrometido. Schiller lo llama «Magister Ubique»,[2] maestro siempre y en todas partes, y para Schelling es un «moscardón» que se posa en el ambiente literario y en el mundo teatral. Todos han aprendido a tener cuidado con Böttiger, pues es conocido su manifiesto talento para diseñar con precisión el transcurso de una conversación y para elaborarla literariamente. Se dice que está preparando un libro sobre el círculo de Weimar. Es un auténtico husmeador de Weimar: se recomienda precaución. Su red informativa llega hasta el círculo de emigrantes franceses de Weimar. Por iniciativa de Johann Gottfried Herder fue nombrado en 1791 director del *Gymnasium* y consejero del consistorio superior para asuntos escolares.

El escenario del teatro cortesano de Weimar tiene tanta repercusión como el púlpito de la iglesia de San Pedro y San Pablo de la ciudad, donde Herder predica como superintendente general. El teatro es una institución moral, aunque aquí la moral no se predica, sino que se analiza de forma crítica. Y mientras que Herder ha de esperar en el púlpito hasta que finalmente reina el silencio, hasta que se extingue la última tos, en el teatro cortesano no hace falta aguardar a que los espectadores se aquieten. Allí reina un silencio absoluto.

Es bien sabido que el público teatral en Weimar es exigente, que ni se somete a la moda ni se aferra meticulosamente a lo establecido. Por tanto, se dan las condiciones ideales para asumir riesgos y poner a prueba el propio tiempo. Goethe cree que la presencia de Schiller hace que Weimar goce del dramaturgo que la ciudad merece.

Schelling, Caroline y Wilhelm, aceptando la invitación de Goethe, han viajado por su cuenta desde Jena. Durante este verano, Wilhelm también ha sido llamado bajo mano a la universidad como profesor asociado. Pronto escalará a la cima de la filosofía junto con Fichte y Schelling, y transformará la estética y la física en «canto», tal como espera su hermano Fritz, lo cual atiza sobremanera el orgullo de Wilhelm. Pero hay algo que le preocupa de la nueva situación. Schelling aparece con frecuencia como invitado a su casa, con demasiada frecuencia para su gusto. En Dresde, los tres todavía pensaban que Schelling podría vivir con ellos, pues había en la casa espacio suficiente. Y ahora ni siquiera saben cómo repartirse las sillas; Caroline acaba sentada entre los dos.

Antes de que llegue el punto culminante, tan esperado, se ofrece un preludio: *Los corsos.* August von Kotzebue estalló de alegría cuando Goethe le comunicó que se ofrecería su pieza en la apertura; ¡nada menos que en su ciudad natal! A él mismo le gusta verse ante el espejo coronado de laurel. Pero nadie acude a ver esa obra, y lo que se espera aquella noche es algo totalmente distinto. Las miradas vagan impacientes por la sala cuando acaba el preludio, pero la curiosidad no es capaz de desgarrar el telón.

Llega el momento, y el «arte poético» se eleva literalmente por los aires. Thouret mismo lo ha pintado en una representación alegórica en la cortina del teatro. Al inicio, Johann Heinrich Andreas Vohs, actor de la corte de Weimar, con voz sonora y vestido del Piccolomini más joven, empieza a declamar el prólogo. Poco más tarde suenan los primeros compases de la obertura, y se extingue el último sonido de las trompetas. Comienza inmediatamente en salvaje desorden el júbilo de los soldados en el campamento de Pilsen, sobre el cual ondean las banderas y los estandartes imperiales. Se ve una espaciosa tienda de cantineros, con un par de tenderetes y baratijas; más allá aparece un caldero sobre el fuego, en torno al cual hay croatas y capuchinos reunidos. Mientras se desarrolla la obra, Schelling y Caroline están sentados uno al lado del otro entre los demás invitados, pero en sus pensamientos ya están en algún lugar lejos de allí.

Sigue un breve momento de silencio. Cae el telón antes de que el coro haya terminado de cantar. El público contiene la respiración y estalla en un aplauso desenfrenado. Schiller, que llegó a Weimar un día antes para dirigir los últimos ensayos, se apoya en el antepecho del balcón. También a Goethe lo colman de aplausos. Reina la unanimidad sobre el hecho de que el conjunto de la representación ha sido excelente. Cada parte ha encajado en un todo.

Después de la función los invitados se reúnen en el vestíbulo. Brindan con las copas en pequeños grupos. Pronto pasan a hablar de las tareas pendientes. En diciembre comenzarán los ensayos de la segunda parte de *Los Piccolomini.* En total habrá tres partes, el tema lo exige. *Wallenstein* habla del destino de un importante general de Bohemia, es la historia de un conflicto entre obediencia y autodeterminación, entre el poder del emperador y la resistencia, entre las coacciones exteriores y la libertad interior. Cada uno recapitula para sí mismo y en sociedad lo que recuerda del tiempo de la Guerra de los Treinta Años, evoca relatos familiares, ve reflejado de manera fantástica el propio presente en el pasado y reconoce cómo la paz de Westfalia, que se pagó tan cara, se descompone cada vez más junto con las antiguas formas fijas; quizás ya esté rota, como consecuencia de los actuales acontecimientos políticos en París y en Roma. ¿Puede haber de nuevo paz en Europa? ¿Qué precio estaríamos dispuestos a pagar por ella? La fantasía del poeta ha hecho que la historia hablara, ha conjurado tiempos sombríos y ha mirado a horizontes lejanos más esperanzadores. Ahí están los hilos del pasado. El futuro queda abierto, está aún por escribir.

Fichte se excede en el aquí y ahora. Fuerza sin cesar a los presentes a beber champán, llena las copas una y otra vez. Caroline en particular parece afectada, debe de llevar cuatro copas. Schelling tiene que librarla del abrazo de aquel indiscreto que filosofa sobre teoría de la ciencia, pero que ahora va perdiendo por momentos el control de sus facultades. A tal extremo puede olvidarse de sí misma la filosofía crítica cuando intenta enderezar la realidad de acuerdo con sus categorías. Cuando Fichte mira a su alrededor, se encuentra solo.

El hombre de la tarde, el poeta, está tenso cuando abandona el teatro. No quiere dejarlo entrever, pero, a pesar del éxito, se siente traicionado por Goethe. Este ha alterado su prólogo. Y su intervención no ha sido insignificante; han desaparecido doce versos y se han añadido dos, y además ha introducido diversas variaciones que no pueden pasar por arreglos superficiales de cara al público y con miras al escenario, tal como Goethe le aseguró por carta y le repitió ayer en el ensayo general. Además, Schiller había pulido el prólogo hasta el último momento; hasta la semana anterior no había enviado a Weimar la versión definitiva.[3]

En el fondo el prólogo es la clave de la obra como drama histórico que Schiller quiere presentar. ¿Dónde está el presente en un tiempo que se ha salido de quicio? Goethe ha quitado del prólogo sus puntos radicales. Donde Schiller decía «la nueva era comienza hoy» en este escenario, según Goethe ese tiempo «aparece» tan solo como una «época» enviada por poderes superiores, como un regalo divino. En el texto editado Schiller recuperará la versión original. No hay que dejarle campo libre

Pieter Snayers, *La batalla de la Montaña Blanca*, 1620 (detalle).

a Goethe. Lo que vale es la palabra escrita. Cuando Schiller cruza la plaza delante del teatro, le embarga un sentimiento familiar: están unidos en medio de la desunión, como siempre.

En un determinado momento Wilhelm se despide de Caroline. Quiere quedarse en Weimar para hablar con Goethe al día siguiente sobre el *Athenaeum*. Schelling subirá al coche junto con Caroline y volverá a Jena durante la noche. Caroline se siente atraída por él desde que en verano contemplaron juntos la *Madonna Sixtina* en la galería de pinturas de Dresde; allí se intercambiaron miradas muy significativas y un breve roce. En un momento de distensión, Caroline le dice a Fritz que aquel hombre es verdadero granito. Con él pueden derribarse muros, muros que una vez la tuvieron prisionera en Maguncia.

Pausa artística en Dresde
En los brazos de la Virgen

Apenas hace un mes que Fritz está de nuevo en Berlín; allí recibe un recio sobre que ha llegado de Jena. Cuando lo abre, reconoce de inmediato el contenido; son los *Diálogos sobre pintura* que Wilhelm y Caroline iniciaron ya durante su estancia juntos en Dresde: descripciones artísticas y diálogos que han de dar una forma literaria a sus conversaciones sueltas.

Los *Diálogos* se leen estupendamente; Fritz estudia el manuscrito dos noches seguidas. Están escritos con habilidad, hay en ellos un cambio constante entre el interior y el exterior que da forma a lo visto y, de alguna manera, lo pone de manifiesto por primera vez. Nada se opone a la publicación, que habría de hacerse en el *Athenaeum*. La revista recoge tratados, cartas, conversaciones, consideraciones rapsódicas y fragmentos aforísticos. Fritz es el principal responsable de la parte filosófica, y Wilhelm lo es de las traducciones y la crítica. La revista es una declaración de guerra al pasado. Lo que ha de valer como «verdad» nunca debe expresarse a medias por consideración con los demás. No existe la unanimidad. No basta con tolerar la variedad de opiniones; Fritz y Wilhelm incluso alientan la pugna y la elevan a principio editorial.

Hasta ahora nadie ha prescrito tan radicalmente la libertad de pensamiento y de palabra. No lo han hecho ni Goethe ni Schiller. Habrá podido fracasar la Revolución política en París, pero aquí se anuncia otra: la revolución estética. El primer número salió en primavera, el próximo aparecerá en breve. Esa revista es el lugar ideal para un trabajo como los *Diálogos sobre pintura*. Y mientras Fritz lee una vez más aquel texto, por un instante regresa a los días memorables en los que ambos paseaban animados por las galerías.

¡Cuántas veces han recorrido Fritz y Wilhelm las colecciones de Dresde en sueños! Johann Joachim Winckelmann, el famoso historiador del arte, dijo una vez: «Quien busque las fuentes del arte tiene que viajar a Dresde». Aquí se exponen al público para su estudio los tesoros artísticos de muchos siglos: en la galería de arte antiguo, no lejos del Elba, en el reinstalado palacio japonés, en la colección de pinturas del Mercado Nuevo, en los transformados establos ducales, justo enfrente del castillo residencial... Dresde se pone de moda como *la* ciudad del arte en Europa. Se dice que es una «Atenas para los artistas», tal es la cercanía entre Sajonia y el Ática.[1]

La entrada de Schelling, Novalis y Fichte en aquel grupo provoca movimientos. A veces, aquellos amantes del arte de Dresde deambulan de noche con paso grave, bajo el resplandor de las antorchas, por la colección de antigüedades; otras veces se presentan por la mañana temprano para tomar posesión de la galería de pinturas. En laxa sucesión inconexa: anotan, enseñan, van y vienen.

Schelling ha salido de Leipzig. Para él Dresde está a la misma altura que el Museo Capitolino, la colección de arte del Vaticano, junto con la colección papal de antigüedades y la Galleria degli Uffizi en Florencia. Se comenta que ha sido llamado a la Universidad de Jena. Es muy joven, tiene veintitrés años, y ya es una estrella en la escena filosófica de Alemania. Es colosal la curiosidad en torno a Schelling, de quien se esperan grandes cosas.

Ha anunciado que permanecerá algunas semanas en la ciudad. Dresde es todavía un trozo de antigüedad; allí perdura el mundo antiguo en estatuas vivas. Lástima que las hayan restaurado de manera tan miserable. En el reflejo de las antorchas con las que en la noche los visitantes recorren la galería, se hacen visibles todas las irregularidades, incluso para los ojos no experimentados, y el trabajo tan burdo que han realizado los restauradores, sin sentido para la exactitud anatómica, por no hablar de la disposición artística de las figuras. Sería preferible presentar las esculturas como torsos, como fragmentos, exactamente como las ha configurado la historia a través de los siglos.

Novalis ha venido para una visita corta procedente de Freiberg, donde estudia desde 1797 con el famoso mineralogista Abraham Gottlob Werner. También Fichte quiere aprovechar la ocasión para ofrecer sus respetos a Schelling antes del comienzo del semestre de invierno. El año anterior se habían encontrado por primera vez en Leipzig con motivo de la feria de otoño de 1797. Antes habían hecho varios intentos fallidos de verse, tanto en Tubinga, donde estudiaba Schelling cuando Fichte visitó el seminario protestante, como hace poco en Jena, durante la fiesta de Pentecostés. Siempre habían desperdiciado la oportunidad. Ahora en Dresde Fichte quiere conocer mejor a su colega. Todos están ávidos de conocer al joven prodigioso, de recorrer la colección junto a él.

También está en la ciudad Caroline, que había viajado a principios de mayo, antes que Wilhelm. Se había trasladado de Jena a Dresde junto con Johann Diederich Gries, traductor y poeta, y Auguste, que ya tenía trece años. Habían partido los tres el 9 de mayo a primerísima hora, llenos de alegría anticipada por el verano. Caroline quería volver a rodearse de hermosos objetos. Le vienen a pedir de boca los tesoros artísticos de Dresde: una ración extra para los sentidos y acopio de energía para el espíritu.

Así pues, es una sociedad ilustre la que recorre con paso firme la sala italiana, se detiene ante la *Madonna Sixtina* de Rafael y se sumerge en la constelación de las figuras: del cuadro sale un concierto. Hay que cambiar constantemente la distancia y el ángulo visual, así como comparar los resultados entre los presentes. Todo ello viene facilitado por el hecho de que la pintura no cuelga de la pared, como es usual, sino que se halla en un caballete, para que los alumnos de la ciudad puedan copiarla y estudiarla. De pronto se encuentran en un juego de roles justo delante de la pintura. Hay seis personas en el cuadro y seis delante de él. Los espectadores perciben el lenguaje corporal de las figuras, el aire en apariencia aburrido de los angelotes. Y mientras Wilhelm se arrodilla a la manera de Sixto II y mira a Caroline como si fuera la Virgen, Schelling capta a la perfección la expresión de la cara del niño Jesús.

¡Cuidado! ¿Qué ha sido eso? Para una pausa dramática, quizás haya sido demasiado larga. Una mirada profunda, un roce. Los demás se han dado cuenta, también Wilhelm.

El único que no está impresionado es Fichte, a quien nunca entusiasmaron los asuntos del arte y de la estética. Para este filósofo, que prefiere dar a sus frases la forma de un imperativo, nada significan los marcos dorados, los suelos encerados, la festividad pomposa. Allí está él, rígido, arrastrándose de cuadro en cuadro, de una sala a otra, cuando preferiría contar guisantes a ocuparse del arte.[2] El entusiasmo de los otros rebota despiadadamente en él. Novalis dice que las colecciones de Dresde son «una alcoba del mundo futuro». Sí, son soporíferas. ¡Cuánta razón tiene en esto! Fichte prefiere sin duda las excursiones a los paisajes pintorescos, los innumerables valles cubiertos de rocas y peñas, los enclaves solitarios y los pueblos de la Suiza sajona.

A primera vista, la disposición de los *Diálogos sobre pintura* es muy sencilla. Louise, amante del arte, ha llegado a Dresde en compañía del poeta Waller y del pintor Reinhold. Visitan juntos la galería. Louise habla sin cesar, Waller, más bien reservado, se fija preferentemente en los antiguos, Reinhold anda detrás con paso grave. Una palabra engendra la otra, y en un santiamén los visitantes, rodeados de clásicos de la pintura holandesa de paisajes del siglo XVII, se encuentran inmersos en un debate sobre las posibilidades y los límites del arte. ¿Qué puede hacer este en contraposición a la naturaleza, una fuerza de tanta originalidad que nunca se queda quieta y que crea eternamente?

Waller considera la pintura de paisajes una mera imitación, que conlleva una pérdida frente a la grandeza de la naturaleza. Reinhold objeta que, para él, se trata de cómo el artista dispone las cosas, de cómo descubre con los ojos del espíritu las

Rafael, *La Madonna Sixtina*, 1513.

ideas que están allí como base, y así aprende a ver el mundo de otra manera, fundamentalmente nueva. También Louise intenta persuadir a Waller de que se trata de la fuerza que da forma, del genio, y comienza a describir el paisaje tal como Jacob van Ruisdael lo presenta a los ojos del observador en su lienzo titulado *La caza:* una diáfana zona de árboles en tierra cenagosa, abundante en aguas, nubes brillantes, escondidas detrás de las copas de los árboles, luz reflejada y sombras, hayas claras, en las partes oscuras se muestra el otoño que se aproxima; una cacería del ciervo da vida a la escena.

Ruisdael se halla entre los pintores de paisajes que entienden lo que pintan. En él las cosas más cotidianas reciben un carácter majestuoso. Sabe cómo se mueven las nubes, por qué cambian de forma en un determinado momento, se extienden y aglomeran, y cómo la luz se refleja en las hojas de los árboles. Louise describe la imagen en su húmeda claridad; admirando los objetos transparentes para la reflexión, habla de ellos sin transfigurarlos, sin hacer la vista gorda ante los defectos. Pero al final todo logra un efecto un poco inmóvil y festoneado.

El grupo sigue moviéndose a lo largo del Elba. La disposición del relato ficticio de la galería no es tan sencilla, como pronto constata Fritz. Louise, Waller y Reinhold hace tiempo que han abandonado la galería para continuar la conversación al aire libre. Su mirada vaga sobre el río, que discurre perezosamente. No solo hablan de pintura, sino que se encuentran a sí mismos en una pintura: *Dresde desde la orilla derecha del Elba bajo el puente de Augusto,* de Canaletto. Allá abajo, en el agua, se refleja la torre de la iglesia católica de la corte, al lado están los arcos del puente y en el fondo puede verse la cúpula de Nuestra Señora. Louise empieza a bosquejar el cuadro en el aire con líneas suaves. En realidad también ha esbozado en el paisaje las pinceladas sobre Ruisdael, sirviéndose de las notas que ha tomado en la galería.

Y así, con sus comentarios, los tres vuelven a recorrer las salas; es más, su conversación se convierte ella misma en una pintura, en una pintura de la pintura, compuesta por las voces plurales del diálogo, que configura, condensa y hace visible por primera vez lo visto. Louise, Waller y Reinhold comienzan a ver la naturaleza que los rodea con los ojos del artista. El paisaje no compite con el cuadro en el museo, sino que más bien llega a una síntesis con él, gracias a la fuerza inherente de la intuición estética. Las praderas del Elba rozan el ideal típico del paisaje de bosque. Los botes en el río, la caza del ciervo, la tierra cenagosa y la iglesia de Nuestra Señora se superponen.

Los *Diálogos sobre pintura* evocan en Fritz las imágenes del tiempo que pasaron todos juntos en Dresde, aquellos días plenos. Funciona la prueba práctica del filosofar conjunto: la elaboración en común de las ideas en la escritura. No hay muchas cosas que lo retengan en Berlín. En Jena, junto a Wilhelm y Caroline, Schelling y Fichte, sería mucho más productivo, se sentiría más libre.

Fritz comparte con Friedrich Schleiermacher la vivienda de la Puerta de Oranienburg desde que conoció al teólogo en el salón de Henriette Herz, que era su punto de apoyo; es más, junto con su querida Dorothea, era el único consuelo que tenía en esta ciudad polvorienta y fatigante. Solamente ellas pueden hacerle en ocasiones soportable el estar lejos de su hermano y de los otros amigos, cuya prudencia añora.

En Berlín predomina la Ilustración antigua, una camarilla partidista en la que no encajan hombres como él, que, en el fondo, no quieren encajar. Se incluyen allí Friedrich Nicolai, August von Kotzebue, Garlieb Helwig Merkel, que se hace sentir desde Weimar, y Dios sabe cuántos nombres más. Así madura en Fritz el deseo de sentirse de nuevo en la cercanía de Wilhelm y Caroline, Schelling, Fichte y Novalis, igual que en Dresde. Harto de la estrechez de la camarilla de Berlín, prefiere la amplitud del paisaje de Turingia, donde manan «néctar y ambrosía». Así se lo describía Caroline una y otra vez. Sería ridículo que dejara escapar ahora esta oportunidad. El plan no existía hasta ayer. El primer paso fue Dresde. No sería su primera estancia en la ciudad. En Jena, reflexionaron, hay que fundar una comuna del pensamiento, una república de espíritus libres.

Segunda parte
El año regalado

El más bello caos
Lucinde o la audacia del amor

Cuando Dorothea llega por fin a Jena, encuentra a su amado en un estado de melancolía casi patológico. Lo devora la preocupación por el progreso de su obra. Apenas se levanta de su asiento, se muestra poco accesible; se masajea la frente despacio con el pulgar y el índice y los mueve hacia abajo, entre los ojos, hasta la punta de la nariz. A veces tiene en sus manos un libro en lengua inglesa, generalmente de Shakespeare, que Wilhelm está traduciendo; ahora tiene en el escritorio *Enrique IV*.[1] Poco después, su mirada fija delata que no ha logrado ponerse a escribir. Vuelve a apoyar la cabeza, se masajea ahora las sienes, con un impertérrito movimiento circular hasta que, agotado, se deja caer en el canapé. Pensamientos sombríos, sueño inquieto. Dorothea se siente impotente.

El viaje a Jena había sido una tortura. Mientras que Fritz partió de Berlín ya a principios de septiembre, ella se quedó allí algunas semanas más, para resolver la custodia de Philipp, el hijo de su primer matrimonio. Cuando se pone en marcha, los caminos están casi intransitables. El coche se atasca incontables veces, los viajeros tienen que apearse en medio de la lluvia para que los caballos y el carruaje se pongan de nuevo en movimiento. En una ocasión, los animales se hunden profundamente en el cenagal, y solo logran liberarlos después de horas de esfuerzo con la ayuda de unos campesinos a los que han tenido que ir a buscar. Y así una jornada tras otra.

Dorothea se ha imaginado el reencuentro muchas veces. En las largas noches de insomnio, le escribía numerosas cartas a Fritz, se imaginaba cómo el coche se acercaba a la ciudad, dejando atrás el pico del Jenzig, recortado en el paisaje con líneas firmes, y viendo al lado la torre de San Miguel. Su mirada se deslizaría suavemente sobre el sereno valle con la ciudad a lo lejos. Acostumbrada a Berlín, le sobrecogerían esas escenas, tan conmovedoras, sublimes y agradables. El carruaje pasaría por encima del río y doblaría hacia la calle, ella bajaría del coche, oiría por última vez el resoplido de los caballos, y vería a Fritz, su amado, bajando las escaleras con calma, como si no estuviera ansioso de volver a abrazarla después de tanto tiempo. También Wilhelm aparecería en la puerta con Caroline, la cuñada de Dorothea, a la que hasta ahora solo conoce por cartas y tiene muchas ganas de ver. Todo aquello era más que un reencuentro: una unión. Pero ahora Fritz está acongojado.

Dorothea y Fritz se mantienen unidos, este no es el problema. Fue un acierto dejar Berlín. Pero Dorothea advierte que algo lo paraliza; sin embargo, no puede sacar el tema. Wilhelm termina cada mañana un poema, y los demás también avanzan en sus proyectos: Tieck está escribiendo una obra dramática, *Genoveva,* que espera presentar pronto al viejo maestro Goethe, y ella misma, Dorothea, trabaja en su primera novela. En cambio, Fritz cada día está más atribulado. Y, para colmo, ni siquiera disponen de un vino decente.

Una tarde, Fritz logra componer tercetos y por cada uno que escribe baja las escaleras de dos en dos desde su aposento, en el ático, hasta el salón; son tres pisos de diferencia. Y se planta sin aliento ante Dorothea, como si le hubiese picado una avispa.[2] Dorothea no sabe lo que le pasa. Los versos le gustan, sin duda, pero se queda completamente alucinada por la manera de aparecer de Fritz. Está bajo presión. Ha de terminar la segunda parte de *Lucinde*. Que Dios se apiade de él si el proyecto que se ha propuesto no tiene éxito.

La primera parte de *Lucinde* es una revolución literaria. En Weimar, *La muerte de Wallenstein* concluye la trilogía de Schiller sobre este personaje. La escenifica él en persona, si bien bajo la dirección de Goethe. Y en ese momento aparece el libro de

Schlegel, mucho más fantástico de lo que podían imaginar sus contemporáneos. Es un texto que por doquier quiere descomponerse en sus partes y, sin embargo, resucita constantemente desde ellas, según Schleiermacher: «Como la aparición de un mundo muy lejano que enviará un dios venidero».

¡Cuántas cosas se juntan en la obra!: cartas, diálogos, aforismos, apuntes de diario... *Lucinde* hace estallar desde dentro los géneros literarios, recurre al «caos más bello» para engendrar un «monstruo estético», tal como opinan algunos; otros celebran la novela, que no quiere entenderse a sí misma como novela, por su originalidad formal y lingüística. Y mientras Max Piccolomini se lanza a la lucha desesperada contra los suecos y cae en ella, Julius, la principal figura masculina, enamorado de la protagonista de Schlegel, emprende la batalla del amor para sucumbir en la pasión, de acuerdo con el lema: «Aunque este mundo no sea el mejor ni el más útil, yo sé que es el más bello».

Lucinde trata del amor, de este loco orden del tiempo que burla el tiempo meticuloso del orden moral, lo deja atrás, lo supera en la contemplación estética y lo sublima en la separación recíproca, precisamente ahí, en el momento del sueño, de la fantasía, de la imaginación. Aquí Julius, amante y escritor, allí Lucinde, amante e inconformista. Complot: falsa acusación. La acción de la novela consiste solamente en que los dos personajes descubren juntos el amor como una forma de vida que socava los antiguos modelos de comportamiento, la dualidad eterna de entrega y fidelidad, amistad y amor, ebriedad y abstinencia.

Se trastocan las relaciones sexuales, se disuelve la polaridad inconciliable de hombre y mujer. Feminidad sobrecargada y masculinidad exagerada son para Schlegel unilaterales, aburridas, atrasadas por igual. Los géneros han de complementarse recíprocamente para constituir *un* género unido: el humano, no hay otro. Se acabaron la impetuosidad dominadora del varón y la entrega desinteresada de la mujer. Hay que mantener en suspenso los opuestos. Las consecuencias que Julius extrae son en extremo radicales: «Ya no puedo decir mi amor o tu amor; ambos son iguales y completamente uno, es lo mismo el amor que el amor recíproco».

Caroline está muy emocionada cuando Novalis le expresa sus primeras impresiones de la lectura. ¿Con qué comparar este libro? Todo lo que en él se manifiesta se opone diametralmente a las ideas sobre el matrimonio usuales en el mundo burgués, tales como las relaciones ordenadas, la decencia y el decoro. En *Lucinde* el amor no soporta ninguna forma exterior: es la forma de la vida misma. Amor y moralidad, entrega y fidelidad no han de ser auténticas contraposiciones, si la una se considera siempre en acción recíproca con la otra. Caroline piensa en las novelas de Jean Paul, pero la novela de Schlegel no puede compararse con Jean Paul, pues con este no puede compararse nada. Caroline se ha enterado por la mujer de Fichte, un poco mojigata, de que este ya ha leído tres veces *Lucinde,* y cada vez le ha gustado más.

Es un asunto secundario que la novela de Fritz incluya rasgos autobiográficos, que en Julius se reconozca fácilmente a Fritz, o que en Lucinde haya rasgos de Dorothea o incluso de Caroline. Lo decisivo no es una acreditación de lo escrito mediante la realidad, sino su penetración a través de lo escrito, que de esta manera se convierte en realidad, en algo que debe penetrarse.

El alambicado juego de Schlegel con sus lectores tiene como consecuencia una infinita confusión. Las cascadas de genitivos se unen entre sí, como un reflejo en el espejo que se pierde en su reflejo. Este reflejo conduce a las profundidades del texto, donde se encuentra una novela que se contiene a sí misma. Exactamente esta es su estrategia, porque delata algo esencial sobre la realidad. Tampoco la realidad es tan inequívoca como se quiere creer, también ella se disuelve a veces en un parpadeo, en una oscilación nerviosa entre los extremos.

No falta el viento en contra de la saturada y educada ciudad de Berlín. La novela aparece allí como un cuerpo extraño, que sorprende en el moderado decoro de la berlinesa vida de salón. Se dice que es desvergonzada, una «tontería inmunda».[3] Incluso Schiller cae sobre Fritz; critica despiadadamente su libro como «cumbre de la deformidad y la desnaturalización modernas». Sin duda ha tocado un nervio sensible. Solo se comporta así una época consagrada al ocaso, por mucho que se ufane de su capacidad de crítica. Fritz se le ha adelantado a una distancia insalvable, y es consciente de ello. Desde su punto de vista, quizás no debería haber publicado la novela, por lo menos no en este tiempo. Dentro de cincuenta años tal vez pueda leerse como una novela de la que se desearía que hubiese aparecido cincuenta años antes. La vehemencia de estas reacciones contrarias demuestra a Fritz que va por buen camino. Pero, de todos modos, siente que se va a volver loco con la segunda parte.

La ciudad no es bonita, pero Dorothea está aquí. No tienen mucho dinero, las cosas no van como ella había esperado. Mientras Fritz y Wilhelm trabajan durante el día, Caroline y Dorothea se ocupan de la administración de la casa y alimentan a los invitados. A la vivienda no le iría mal una nueva limpieza en primavera. Solo de vez en cuando les queda tiempo para las cosas bellas. Caroline participa con entusiasmo en la traducción de Shakespeare y colabora en las recensiones y tratados que Wilhelm está haciendo; Dorothea sigue trabajando en su primera novela, que se titulará *Arthur*. En todo caso tiene una pensión, que Simon Veit le paga mensualmente. No es mucho lo que ha podido rescatar de su matrimonio, más allá de un par de trastos que se han quedado en Berlín, entre ellos su piano. Ahora toca ahorrar.

El banquero Simon Veit, con quien se había casado en 1783 a la edad de dieciocho años, era un buen partido. Los banqueros tienen cierta tradición en su familia. Su madre procedía de la familia Guggenheim, comerciantes de Hamburgo, entre sus ancestros se hallan influyentes banqueros de la corte de Viena, en concreto Samuel Oppenheimer. Su padre, el famoso filósofo Moses Mendelssohn, había concertado el matrimonio cuando ella tenía catorce años. Era un matrimonio sin corazón y sin espíritu. Veit, nada interesante, calculador, sin formación, habla solamente de negocios. Ni punto de comparación con el hombre, veinte años más joven y mucho más ingenioso, con el que ahora ha decidido compartir su vida. Por suerte han podido llegar a un acuerdo: Simon ha confiado a Dorothea al hijo de ambos, Philipp, y le paga la manutención. Ella ha obtenido el derecho de custodia a condición de no alejarse de la fe judía.

Dorothea vive feliz con Philipp en su nuevo domicilio de la Leutragasse 5, y se siente cada día más inteligente y capaz. La casa que ella tanto ama en su nueva vida está llena de obras originales, por más que muchos en la calle se sientan ofendidos y se alejen de ella; son filisteos. A ella le da igual. No se imaginan el concierto permanente de ingenio y poesía, arte y ciencia, que rodea a Dorothea en ese círculo.

Sin embargo, tampoco faltan los roces. Se forjan alianzas, se aniquilan proyectos filosóficos, se intercambian pequeñas hostilidades. En cuanto a Caroline, Dorothea mantiene la guardia alta. Nota que la mujer de Wilhelm, a pesar de la amabilidad que exhibe con ella, la observa sin cesar desde el primer día. Dorothea es pequeña, mucho más pequeña y ancha que Caroline. Con frecuencia, cuando se mira al espejo, no se ve guapa: tiene los ojos grandes, muy enrojecidos, ardientes de algún modo, y la cara adusta. A veces desearía poseer un poco de la «noble osadía» con que Caroline, anfitriona admirable, crítica de arte y conocedora de todo, sirve la mesa a los invitados a mediodía, como si nunca hubiese hecho otra cosa.

Kant, de quien recientemente se ha vuelto a hablar durante la comida de mediodía, usa a este respecto la expresión «insociable sociabilidad». Con ella se refiere a una especie de antagonismo natural, a una confusa amalgama de intereses contradictorios que impregna la convivencia humana. El ser humano, dice Kant, por una parte tiene la tendencia a socializarse, «pues en ese estado se siente más como persona, es decir, siente más el desarrollo de sus disposiciones naturales», pero, por otra parte, aspira al aislamiento, «porque a la vez encuentra en sí la insaciable peculiaridad de querer establecerlo todo según su manera de pensar». Y así surge el conflicto, el roce en el contacto social, una resistencia que, en medio de la tragedia inherente a ella, tiene en sí algo positivo, pues actúa disciplinando, mitigando y cultivando. En efecto, el ser humano reconoce que necesita a sus coetáneos, aunque en el fondo no pueda soportarlos, para conseguir sus fines, que a corto o largo plazo ya no son sus propios fines, sino que se convierten en fines comunes. Y, tal como Kant concluye dialécticamente, se producen «los primeros pasos verdaderos desde la rudeza hasta la cultura».

Dorothea, Caroline, Fritz y Wilhelm han cerrado un pacto: se llaman los «co-hombres», y pueden «con-filosofar» entre sí, lo mismo que pueden «holgazanear juntamente»; pueden hacerlo todo en común y cada uno por su cuenta. Y, aunque Wilhelm sigue teniendo un carácter brusco, inquieto, del que, según opina Fritz, más le valdría desprenderse, en ellos juntos se encarna una unidad superior, por la que quieren luchar también en el futuro. Caroline y Wilhelm, Dorothea y Fritz, no queda otra salida. La oportunidad está ahí. La comunidad doméstica con Fichte en Berlín ha terminado, gracias a Dios. Si la literatura alemana, que en comparación con las otras está todavía tan atrasada, ha de ser llevada al estado revolucionario, al que alguien como Fritz querría conducirla, hay que intentarlo juntos aquí, en Jena.[4]

El sujeto presumido
Fichte ante la ley

¡Qué tortura! Johann Gottlieb Fichte ha atravesado con dificultades los desiertos de arena de Brandeburgo, que este verano no andan a la zaga de los árabes.

La primera impresión que se forma sobre la capital del reino de Prusia es desilusionante. La ciudad de Berlín le parece polvorienta y fatigante. La impresión se acentúa precisamente porque Fichte viene de Jena, y nunca habría abandonado esa ciudad por voluntad propia.

La habitación amueblada que le proporcionó Fritz en Unter den Linden no le cuesta mucho más de lo que le costaría en Jena; sería muy decente si en ella no pulularan las chinches, que aparecen bajo el papel pintado, en la tapicería de los muebles, entre los cajones de la cama y el colchón... Ya se ha quejado ante Fritz y ante el arrendador; para calmarlo le dicen que en Berlín se da la misma miseria en todas partes. Si realmente ha de permanecer en la ciudad largo tiempo, necesita con urgencia una nueva habitación, más limpia.

Por lo menos no hay nada que objetar al sirviente, que Fichte ha contratado justo después de su llegada. Es comedido, laborioso, y tiene habilidad suficiente para ayudar a su señor en asuntos de escritura y copias. Lo más importante ahora es estructurar los días para seguir trabajando en su nueva obra, que se titulará *El destino del hombre*.

Estructurar significa para Fichte: levantarse a las seis y sentarse de inmediato ante su escritorio. Desde la mañana hasta el mediodía el tiempo está reservado al trabajo; el aseo —arreglarse el pelo, empolvarse y vestirse— puede esperar hasta las

Ilustración de Guillaume-Antoine Olivier en *Entomologie, ou Histoire naturelle des insectes*, París, 1787-1808.

doce y media. A la una va a comer en la Ziegelstrasse, justo al otro lado del río Spree. Desde que la amada de Fritz se ha separado de su marido, el adinerado banquero Veit, vive sola. El divorcio se produjo en enero. Además de Fritz, suele sentarse a la mesa Friedrich Schleiermacher, predicador en la cercana Charité.

Últimamente los comensales no hablan de otra cosa que del reciente libro de Schleiermacher, *Sobre la religión.* El pequeño y jorobado teólogo ha añadido al título un subtítulo algo mordaz: *Discursos a sus menospreciadores cultivados.* Schleiermacher tiene claro que apenas puede esperar que lo escuchen quienes están embelesados con la sabiduría del siglo y no necesitan ya ninguna eternidad. Esos no quieren oír nada de las centellas celestiales que despiertan a la vida todo lo muerto y hacen brillar todo lo carente de color. Para Schleiermacher la religión no es patrimonio ni de la moral ni de la Iglesia; más bien, consiste en la intuición del universo en su totalidad. Fichte no sabe muy bien qué pensar de esto, pero aguanta con gusto en su condición de pupilo.

A las tres está de vuelta y lee una novela en francés, o lo que caiga en sus manos. Luego, sobre las cinco, va al teatro de la comedia, pasea hasta el Zoo o bien se entretiene dando unas cuantas vueltas delante de la puerta; los tilos están en plena floración. De vez en cuando hace excursiones al campo en compañía de Fritz, Dorothea y Schleiermacher.

A decir verdad, desde que ha llegado a Berlín, Fichte solo tiene contacto con Fritz y su círculo. Fue también Fritz quien le dio instrucciones desde el principio: las instancias oficiales no molestarán a Fichte mientras no se conozcan las circunstancias concretas que han conducido a su despido y a su partida de Jena. La acusación que en aquella ciudad se lanzó contra el filósofo fue nada menos que la de ateísmo. Fichte había amenazado al duque con renunciar a su puesto si recibía una reprimenda y su libertad de cátedra quedaba limitada en lo más mínimo por inculpaciones calumniosas. Llegó la reprimenda y con ella el despido. Fichte se había arriesgado demasiado.

Fritz le desaconsejó con insistencia solicitar un permiso de residencia permanente. En su opinión, Fichte debe decir que está solamente «de visita». Ha de parecer como si Fichte necesitara distracción, un poco de variación de la cotidianidad universitaria. Si se extendía el rumor de que estaba huido, se convertiría de inmediato en objeto de las habladurías de la ciudad, y eso sería insoportable. Además, su llegada se producía pocos días antes del regreso del rey.

A Federico Guillermo III se le considera un reformista. Tiene un trato algo áspero, pero es encantador en comparación con Federico Guillermo II, el «gordo licencioso», quien hace dos años, casi en el lecho de muerte, le confió los asuntos del gobierno.[1] Se cuenta que él y su mujer, la reina Luisa, de la casa Mecklenburg-Strelitz, quieren parar en Weimar durante su viaje para ver la última parte de la trilogía *Wallenstein* de Schiller.

Fritz insiste: si se pusiera de manifiesto que las autoridades quieren expulsar a Fichte de la ciudad, el rey de Prusia en persona tendría que decidir sobre su caso; donde se halla amenazada la libertad de expresión, también está en peligro la libertad de pensamiento. El asunto de Fichte no es un caso cualquiera, es un asunto de la época, que en tanta estima tiene a la Ilustración.[2]

El 1 de julio Fichte había abandonado Jena sin su mujer ni su hijo pequeño y sin la certeza de volver a ver la ciudad. Dos días más tarde, el 3 de julio, llegó a Berlín, por la noche y solo, tal como le había aconsejado Fritz. Ya se vería cuándo le era posible ir a buscar a Johanna y al pequeño Hermann.

Cuando Fichte llega a casa por la noche, no suele haber más que unos bollos y medio litro de vino Médoc, el único decente que puede conseguirse. Entre las diez y las once de la noche se queda dormido. Son noches sin sueños. Solamente una vez sueña que su hijo recobra la salud, tras un tiempo en que su vida ha corrido peligro. Fichte lleva consigo un rizo de cabello de su hijo como recuerdo, por si sucediera lo peor. En sueños el niño descansa pacíficamente en sus brazos. Pero de pronto se pone pálido, se extiende, se deforma y adopta formas grotescas, hace muecas que por la mañana, cuando Fichte contempla desde su escritorio los tilos florecientes a través de las ventanas, distraen a este de sus pensamientos, como si lo persiguieran.

El órgano central de la filosofía es la imaginación. En pocas cosas como en esta reina tanta unanimidad en la Leutragasse. Imaginación no significa ficción, apariencia, engaño; más bien, significa dar forma a lo infinito en lo finito, para que la eternidad pueda aparecer en el tiempo. Imaginación es la capacidad de mediar entre opuestos, y en la actualidad hay oposiciones más que suficientes.

Ya Kant le había asignado la instancia de una función mediadora. Para este pensador, la imaginación representa un objeto intuitivamente, sin que este esté presente de manera inmediata. Produce un objeto que no está ahí de manera incondicionalmente real. Y su capacidad de mediar entre lo contradictorio resulta precisamente de esta doble función: la de hacer presente algo ausente y la de hacer de nuevo ausente algo presente.

Fritz, Wilhelm, Schelling y Novalis, en sus trabajos filosóficos y literarios, se apoyan en esta fuerza, se confían a su elasticidad. Todos han ido a la misma escuela, a la escuela de Fichte. Fue él quien por primera vez elevó la imaginación al rango de principio filosófico, en cuanto ella une el yo con el no-yo, con el mundo.

La imaginación no tiene que decidirse por una parte o por la otra, simplemente se mueve entre las dos. Fichte encontró para esto la imagen de la fluctuación. La imaginación fluctúa entre los opuestos, es un fino y apenas perceptible centelleo entre concepto e intuición, entendimiento y sensibilidad, espíritu y naturaleza, idea y experiencia.

Pero tampoco Fichte fue lo bastante lejos en la determinación de la imaginación. En cuanto, en definitiva, sitúa el concepto por encima de la intuición, el entendimiento por encima de la sensibilidad y el espíritu sobre la naturaleza, el mundo entero se disuelve en una mera construcción del sujeto. La realidad se convierte en una pantalla sobre la cual el yo ha proyectado siempre su imagen del mundo. El yo modela el mundo de acuerdo con sus categorías, la naturaleza permanece muerta. Sin embargo, con esto no basta.

La imaginación no se reduce a la determinación que Kant y Fichte le han atribuido, no se limita a ser una función del conocimiento. Es una forma de la realidad, porque la realidad misma en su interior más profundo consta de contradicciones. En esto coinciden Fritz, Wilhelm, Schelling y Novalis. El mero concepto permanece ciego para el sentimiento, el entendimiento es insensible a cuestiones de la práctica de la vida, el espíritu es demasiado abstracto por lo que se refiere a estructuras de la naturaleza viva, orgánica. Debe tratarse de algo más, de la existencia misma en toda su plenitud, con todas sus contradicciones, con los momentos de fracaso, a la manera como la Revolución en Francia encontró su frustración. Sin contradicciones no habría ninguna vida. Sin ellas no habría más que muerte.

Mientras que Novalis compara la imaginación con un constante oscilar, como si la conciencia nunca fuera a dormir, Schelling la compara con un primer despertar. Según él la razón finita, humana, vive solamente de la diferencia entre lo que fue ya siempre y lo que surge por primera vez. Despertamos del estado de la propia perdición como de un estado de muerte, dice Schelling, y nos vemos puestos en el tiempo; de ese modo ha acontecido el acto inalcanzable de la conciencia de sí, un acto que permanecerá para siempre como un punto ciego en nuestra conciencia. Pero este tiempo nuestro, esta diferencia inalcanzable nos trae en dirección contraria la posibilidad de usar nuestra libertad, la cual es quizás el mayor don que nos han concedido los dioses y, por eso, también la mayor tarea para nosotros, los seres humanos.

La historia a la que Fichte mira retrospectivamente como profesor académico es complicada. En Jena a ninguno de sus colegas lo veneran tanto como a él, y a ninguno lo hostigan con tanta vehemencia. Fichte tiene convicciones, y eso lo hace propenso a los ataques: así como la nación francesa desligó al hombre de las cadenas externas, de igual manera su filosofía pretende desligarlo de las cosas en sí, del dogmatismo, y convertirlo en un ser autónomo. Su sistema ha de ser el primer sistema de la libertad.

Cuando en 1794 recibe la llamada a Jena, se ha disipado la pasión con que también los estudiantes habían saludado la Revolución en Francia. Ya no queda nada del entusiasmo de la primera hora, que Kant había celebrado como «símbolo de la historia». Para él, la reacción colosal de la opinión pública, la proliferación de revistas y la resistencia contra la censura constituyen un acontecimiento inolvidable. Fichte quiere reavivar el entusiasmo. Se propone llevar de nuevo la revolución a la universidad.

Sus primeras lecciones las dedicó al destino del sabio. Según Fichte, el científico no tiene su lugar fuera de la sociedad, sino que, más bien, su tarea consiste en acreditarse en ella como guía, iluminador y promotor del progreso. La libertad debe defenderse no solo en la cátedra, sino también de manera totalmente práctica.

La idea tiene que hacerse acción. La universidad no puede seguir siendo durante más tiempo una mera escuela del saber, una isla solitaria, alejada del resto de la sociedad: debe ser una escuela de la acción. Teoría y praxis son una misma cosa. La filosofía de la libertad en Fichte es una filosofía de la acción en el sentido más verdadero. De momento no hay que entender por idealismo otra cosa que esto.

Se enciende la chispa. También para Fichte el auditorio Griesbach, en el que ya Schiller había impartido su lección inaugural, pronto se quedará demasiado pequeño. Los oyentes se agolpan en todo el vestíbulo, e incluso en el patio; acuden más de la mitad de los estudiantes de Jena. Pronto estos lo llaman «el Bonaparte de la filosofía». El pequeño hombre de ancha espalda no está en la cátedra tranquilo como un sabio, sino afanoso de lucha como un guerrero, con la cabeza en constante movimiento, como si fuera a estallar una tormenta.

A Fichte no solo le agrada la lucha, algunos afirman que está ávido de pelea en toda regla. Ninguna palabra suave sale de sus labios. Es un espíritu inquieto, que busca actuar constantemente en cada una de las oportunidades. Parece como si Fichte hubiera declarado la guerra al mundo que está frente a su yo filosófico.

No solo en las lecciones y en los seminarios vuelve a debatirse sobre la revolución y la libertad del hombre. También gracias a las gestiones de Fichte toma forma al fin la Sociedad Literaria de los Hombres Libres. En la asamblea fundacional, celebrada el 18 junio de 1794, se debate «Sobre la libertad racional del hombre en la sociedad que alborea en nuestro tiempo». Cada catorce días se reúnen en la vivienda de un miembro, para escuchar una conferencia o para comentar un artículo, que antes ha circulado entre todos. Por lo general también participa el teólogo Niethammer. En su vivienda, en la casa Döderlein, hay espacio suficiente para discutir con desenvoltura. Paulus, su colega, forma parte asimismo del equipo. Cuando Johann Smidt, un estudiante de Bremen, imparte una conferencia sobre el efecto ennoblecedor de las fiestas, los reunidos deciden esa misma tarde entregarse cada dos meses a una bacanal ebria. *In vino veritas? In veritate vinum!* Es una auténtica alianza en la amistad, que pronto va más allá de la esfera académica; por ejemplo: Fichte, dos días después del nacimiento de su hijo Immanuel Hermann, sin más tardanza inscribe en el registro eclesiástico como padrino a Johann Erich von Berger, que desconocía aquella circunstancia.

Fichte incluso organizó una comida diaria, algo inaudito en la contemplativa Jena, tal como constataron con rapidez él y su mujer Johanna. A veces se reúnen hasta diez estudiantes al día, procedentes de Sajonia, Suabia, Bremer, Oldemburgo, Silesia, Curlandia, Suiza, Dinamarca, Francia y uno de Escocia. Todos comparten mesa. Intercambian opiniones abiertamente sobre los últimos acontecimientos de la política, la literatura y el arte. Componen cada día un diario en forma de conversación.

No a todos les sienta bien esa franqueza. En cierta ocasión, cuando uno de los participantes propaga la causa francesa sin disfraces, cuando un jacobino toma la palabra y se entona la *Marsellesa,* de pronto el escocés no aguanta más en su silla y abandona la mesa en el momento de servir la sopa. Para un adicto a la aristocracia, aquellos diálogos de mesa no propician precisamente la digestión.

También para ciertos colegas, la cultura fichteana de la discusión es motivo de malestar. No hay duda de que su filosofía alberga potenciales inquietudes;[3] nadie sabe qué daños va a provocar. Una y otra vez, Fichte se ve enredado en incidentes. Como cuando propone que las asociaciones secretas se disuelvan por propia iniciativa, sin duda en puro interés de los estudiantes. ¿Qué ser razonable puede todavía hoy batirse seriamente en duelo?

La iniciativa de Fichte provoca una seria resistencia entre los estudiantes. Viene a su memoria la lucha con los chocolatistas, la entrada de las tropas ducales, su marcha en dirección a Erfurt. Para dar una lección a Fichte, algunos lanzan piedras contra los cristales de su ventana.[4] Fichte huye de la ciudad con su familia y pasa la mayor parte del verano de 1795 en una extensa finca en Ossmannstedt, no lejos de Weimar, en la antigua residencia veraniega de la madre del duque. Esta finca es una isla de paz y de dicha, no solo para Christoph Martin Wieland, que la adquirirá unos dos años más tarde. Pero el estado de ánimo en Jena se mantiene incandescente, bastaría una pequeña chispa para que estallase aquel barril de pólvora.

Este punto se alcanza en 1799. Esgrimen contra él la acusación de ateísmo cuando el *Philosophische Journal* imprime en octubre de 1798 el artículo de Fichte «Sobre el fundamento de nuestra fe en un gobierno divino del mundo». En sentido estricto, poco hay en estas páginas de «ateo». Fichte simplemente se opone a una concepción antropomórfica de Dios demasiado simple. No hemos de pensar en Dios como un ser personal, individual, sentado en un trono en lo alto del cielo. Desde su punto de vista, Dios solo puede ser el orden moral del mundo, nada más; hablar de él como una personalidad, como un ser que actúa, significaría negar su existencia.

Han pasado exactamente cinco días, y de la colindante Sajonia llega ya la primera acusación. Federico Augusto III, príncipe elector de Sajonia, pide al duque Carlos Augusto en Weimar que retire el número de la circulación. A su juicio, el artículo no está en consonancia ni con la religión cristiana ni con la natural. No se puede contemplar pasivamente cómo tan cerca de la frontera con Sajonia algunos profesores que tienen repercusión pública expulsan a Dios y la religión del corazón humano, una doctrina que pone en peligro a los hijos de la región. Si la situación en Jena no cambia, se verá forzado a prohibirles la asistencia a la universidad.

La acusación es tan antigua como la filosofía misma: seducción de la juventud, negación de los dioses.[5] De repente Fichte se encuentra en la situación de Sócrates. E, igual que entonces, las verdaderas razones son de otro tipo. Para los príncipes, duques y reyes de Alemania, Fichte es un autor peligroso, un avanzado político, un demócrata sancionable, es más, un jacobino notorio, una bomba de relojería.[6] La denuncia, en el fondo, es un golpe contra toda la herencia crítica de Kant.

Crece la presión sobre el gobierno de Weimar. Cada vez más cortes prohíben el *Philosophische Journal* y amenazan con retirar de la Universidad de Jena a los estudiantes nativos de sus respectivas regiones. Para Carlos Augusto el «asunto de Fichte» se hace de día en día cada vez más imponderable. Aquel simpatizante de la Revolución le resultó sospechoso desde el principio. Con la misma rapidez con que, ante el cerco de Maguncia, había confiado en Goethe mientras comentaba con este los futuros nombramientos, ahora retira esa confianza a Fichte. Para el duque hay mucho en juego. Fichte redacta su defensa y menciona las acusaciones contra él, más de doscientos alumnos suscriben una súplica para mantener en su puesto al querido profesor; pero sus días en Jena están contados. Nadie, ni siquiera Goethe, corre a ayudarle.

Poco después de su llegada, la policía llama a la puerta de su casa. Se trata de una visita de rutina. La ciudad está dividida en diversos sectores, presididos cada uno de ellos por un comisario, al que se debe notificar la presencia de un foráneo. Le preguntan si desea establecerse en Berlín.

Tal como habían planeado con Fritz, Fichte declara que está allí solamente de visita y que no puede decir cuánto tiempo permanecerá. Parece que se lo creen, pero Fichte sabe que ahora lo vigilan. Por eso decide ser discreto con su correspondencia. Schelling, que espera noticias, habrá de armarse de paciencia. Fichte prefiere enviar sus misivas confidenciales a través de amigos como Ludwig Tieck.

Durante estos días hay que mirar con lupa las cartas antes de abrirlas y comprobar si han sido manipuladas. Lo mejor es que la correspondencia destinada a Fichte vaya dirigida a Schleiermacher, en la Charité, de ningún modo a Fritz, cuyas cartas también registran. Así es como Fichte y su mujer Johanna, que se ha quedado en Jena, mantienen el contacto en la primera etapa del exilio berlinés. Pero al mismo tiempo Fichte no puede interrumpir por completo el intercambio epistolar oficial, pues eso generaría sospechas y daría pistas a los perros rastreros de la administración.

La situación es bastante precaria. Johanna se mantiene a su lado a pesar de todas las dificultades, pero en cambio en Berlín Fichte carece de ese tipo de apoyo. Su contacto con Fritz, cuya *Lucinde* se considera contraria a las costumbres, desagrada a los leones de los salones. No entienden por qué Fichte cultiva semejante amistad, teniendo en cuenta además que Schlegel vive amancebado. Fichte no quiere formarse todavía un juicio definitivo sobre la novela. Sin embargo, para su propia sorpresa, le gusta cómo la imaginación hace de mediadora entre los opuestos. Ha leído ya tres veces *Lucinde,* pero no se lo ha dicho a nadie más que a su mujer.

Y precisamente ahora Fritz y Dorothea han decidido ir a Jena. ¿No sería mejor que, en lugar de eso, Wilhelm y Caroline fueran a Berlín? De hecho, Fichte propone fundar una especie de comunidad de hogar, pensamiento y vida entre todos los que participan de su idea. ¿Deberían contar también con Schelling? ¿Por qué no? Podrían alquilar un gran alojamiento en la ciudad, contratar una cocinera y vivir como una especie de familia. Ya encontrarán un oficio académico. Pero está claro que Fritz y Dorothea tienen la decisión tomada. Dorothea incluso ha conseguido alquilar los muebles de su vivienda. Según parece, no consideran seriamente su propuesta. ¡Vaya!, ya verán dónde se quedan los muebles.

Espíritus serviciales
Ida y vuelta a la Luna

El frío es intenso cuando Goethe, tras el estreno de *Los Piccolomini,* vuelve a Jena en compañía de Schiller en febrero de 1799. La nieve llega hasta la rodilla. Parece imposible ir en coche. Se deciden por una alternativa típica de la época del año: un viaje en trineo.

Como ya sucedió con el *Campamento de Wallenstein,* obra representada en la inauguración del otoño anterior, *Los Piccolomini* son acogidos con un éxito total. Y el éxito concierne tanto al dramaturgo Schiller como al director artístico Goethe y al arquitecto Thouret, que había reformado la sala del teatro de Weimar. La representación tuvo lugar precisamente el día del cumpleaños de su alteza ducal Luisa, de Hesse-Darmstadt de nacimiento.[1] Después del estreno el 30 de enero, la obra se representó otra vez por deseo explícito del público. ¡Qué sensación!

Los Piccolomini se halla entre lo mejor que se ha representado desde hace mucho tiempo en los escenarios alemanes, en esto coinciden los críticos. Los versos de Schiller se condensan en toda regla ante el público como sentencias, en palabras autónomas y aladas: «El feliz no cuenta las horas».[2] Goethe y Schiller se ponen en camino protegidos con abrigos de piel y mantas.

Goethe necesita ante todo distancia: distancia del teatro y de Weimar. Allí es consejero privado, ministro y asesor del duque. Viaja hacia Jena como poeta. Aquí puede trabajar con mayor concentración que en la corte, donde los deberes y la compañía diaria lo alejan de todo lo esencial. Schiller lo ha reprendido ya por haberse alejado tanto tiempo de la poesía. Le aconseja que no vuelva a ocurrir, y que haga valer su autoridad para proporcionarse la libertad que necesita. Además, Goethe tiene ya una idea sobre lo que podría escribir en el futuro: quiere retomar el trabajo en su proyecto a largo plazo, el *Fausto*.

Tampoco en Jena queda Goethe libre por completo de deberes. Tan pronto como se anuncia su llegada lo acribillan a preguntas. Goethe interviene en los asuntos de la universidad, se ocupa de las instituciones y colecciones científicas, en especial su caballo de batalla, la anatomía, y mantiene el contacto con numerosos científicos. Por eso goza tanto más cuando en horas silenciosas puede retirarse a la torre del edificio de anatomía para proseguir sus estudios. Aquí ha hecho su gran descubrimiento junto con Justus Christian Loder, el director del departamento de anatomía, a saber, la presencia en el ser humano del hueso intermaxilar, aunque de forma muy distinta a los animales. Siempre ha tenido clara su existencia, y no se ha limitado a barruntarla.

Debe preocuparse también de la construcción de la carretera que conecta Weimar y Jena, expuesta sin protección alguna a la lluvia y a las corrientes de agua. Tuvo noticias hace algunos años acerca de aparatos aerostáticos, de unas «bolas de aire» con las que se puede viajar por el cielo.[3] Los hermanos Montgolfier, ante la presencia del monarca francés, vieron cómo su vehículo ascendía en el aire. A bordo iban un carnero, un gallo y un pato. Todos sobrevivieron.

A los animales poco después les siguieron personas. El país entero se contemplaba a vista de pájaro. Los errores y extravíos de las cosas terrestres de pronto están ahí extendidos y son legibles. Es el arte de nadar en el aire.

También Goethe ha hecho diversos experimentos junto con Bucholz, el farmacéutico de la corte de Weimar, con artefactos *(Montgolfières)* construidos por ellos mismos. El duque en persona había encargado la fabricación de un globo de ese tipo. Los ensayos realizados en casa de la duquesa madre Ana Amalia, consistentes en hacer que se elevara un pequeño balón de vejiga de buey, no llegaron muy lejos; pero eso no impidió a algunos de los participantes seguir soñando, no obstante, con un viaje a las estrellas. O una ida y vuelta a la Luna. De momento, no estaría mal un viaje de ida y vuelta a Jena sin grandes problemas.

No es raro que Goethe pase varios días seguidos en Jena, lejos de Christiane, a veces incluso un mes entero. En ocasiones se cree en Weimar que él ya no vive en su casa de Frauenplan, que nunca más se va a dar la bienvenida a alguien en el umbral con la inscripción «Salve» fabricada con madera de ébano oscuro.

Cuando Goethe está en Jena, suele pernoctar en el castillo de la ciudad, en una pequeña y sencilla habitación instalada en el último piso. El ducado de Sajonia-Jena tuvo su capital en Jena solamente durante dieciocho años, y a partir de 1690 trasladó de nuevo su capital a Weimar; lo que daba pie a utilizar diversos emplazamientos en otros lugares. A partir de 1779 el castillo de Jena alberga una biblioteca, así como colecciones de diversa índole. La que Goethe consulta con más frecuencia es la mineralógica, que él dirige junto con el profesor Johann Georg Lenz.

Allí, en el piso más alto, Goethe tomará más tarde su chocolate. Le gusta esta bebida caliente, fluida y espesa desde que se la recomendó Alexander von Humboldt, hombre de mundo e investigador de la naturaleza. Este le dijo que en ningún lugar como en el grano de cacao ha comprimido la naturaleza en tan pequeño espacio tal cantidad de nutrientes. Según ha sabido Goethe hace poco, Humboldt planea explorar el continente americano, partiendo de La Coruña, en el extremo noroeste de España, para pasar a través de las islas Canarias y llegar a Caracas, desde donde pretende seguir viajando a lo largo de Sudamérica. Goethe no puede por menos de pensar en las palabras de Humboldt cada vez que lleva a sus labios una taza de chocolate caliente. Es una verdadera delicia. Cuando está de viaje, si es necesario, hace que le envíen su chocolate preferido después de partir, el de Riquet, de Leipzig. Es lo más adecuado tras una travesía por un paisaje cubierto de nieve. Realmente hace un frío espantoso. Cuando llegue al castillo correrá a pedirle una taza de chocolate a su criado Carl.

Representación contemporánea del primer vuelo de un *Montgolfière* el 19 de septiembre de 1783 en Versalles ante la mirada del rey Luis XVI, de la reina María Antonieta y de Benjamin Franklin.

«Carl» es el nombre de todos sus criados. Dada la cantidad de años a su servicio del primero y la estrecha relación con él, resulta difícil cambiar de costumbre. El gran Kant, que era olvidadizo en su vejez, siguió llamando «Lampe» al sucesor del primer sirviente, que estuvo muchísimos años en el cargo. En un pequeño y astuto libro anotó la necesidad de olvidar el nombre de «Lampe». En cambio, Goethe no ocultó en ningún momento su deseo de conservar sin más el nombre de «Carl».

La preparación del chocolate líquido es una de las tareas más sobresalientes de su criado. Carl es irreemplazable no solo como ayudante en los viajes, cuando se trata de mantener en orden el equipaje, de negociar con cocheros y fondistas, de cuidar los abrigos y trajes; sino también a la hora de recoger objetos de colección, sobre todo piedras, de dictar y de copiar, así como de llevar el diario y el libro de gastos. No hay que perder de vista la situación económica,[4] por si su excelencia Von Goethe, el real consejero privado y ministro de Estado, gasta más dinero del previsto. En resumen, el criado ha de cuidarse de todas las tareas que surgen en el barullo cotidiano. Es escribano, secretario, chocolatero; pasa de una actividad a otra con fluidez. Sin su criado, aquella persona universalmente ocupada estaría perdida y sobrecargada por tanta universalidad.

A Johann Jacob Ludwig Geist estas cosas no le cuestan nada. Cuando en 1795 entró al servicio de Goethe, ya era bien consciente de la valía de su señor y no tuvo que formarse a conciencia, como sus antecesores Paul Götze y Christoph Sutor. En cualquier caso, Götze estuvo diecisiete años al servicio del poeta, ministro de Estado e investigador de la naturaleza; y Sutor le sirvió durante casi veinte años. Geist proviene de la instrucción pública, domina el latín, tiene amplios conocimientos en el campo de la botánica e incluso sabe tocar bastante bien el órgano. Schiller lo llama «el buen espíritu de Goethe». Es más Sancho Panza que fámulo Wagner. Goethe le ha prometido ya un puesto al servicio del Estado de Weimar en el caso de que alguna vez quiera dejar su trabajo, tal como corresponde a un fiel caballerizo mayor.[5]

Todos, el señor, los sirvientes, el cochero y Schiller, están contentos en este día de febrero cuando se acercan a Jena. Incluso los caballos tiran del trineo con mayor rapidez cuando les salen al encuentro las montañas que rodean la ciudad. Resuena un latigazo que comprime el aire.

La mujer se ha atado la cesta con fuerza al hombro y las correas se le clavan en la carne. Las cuerdas cruzadas sujetan las mercancías y los paquetes, que amenazan con caerse de la repleta canasta. Lleva un pañuelo en la cabeza, delantal, falda y una cestita adicional de mimbre en la mano para productos de menor tamaño: fruta, hierbas, verdura fresca. Es la segunda vez en las últimas veinticuatro horas que pasa por el pequeño poblado de Frankendorf, al noroeste de Jena. Los pueblos cercanos se llaman Umpferstedt, Kapellendorf y Hammerstedt.

La mensajera Wenzel hace una parada en la taberna de Frankendorf antes de continuar su trayecto a primera hora de la mañana. Tras unas cinco horas de caminata se detiene para descansar del peso de la cesta, especialmente por la noche, cuando el frío es penetrante.

La cesta de Wenzel pesa medio quintal. Dos veces por semana la mensajera se pone en camino con correspondencia confidencial, medicamentos y productos necesarios para la vida de cada día. Los martes y los viernes se dirige de Jena a Weimar, los miércoles y los sábados regresa. Aunque el correo a caballo recorre el trayecto mucho más deprisa, la ventaja es obvia. Ella puede entregar directamente los envíos; es posible recibir al día siguiente la respuesta a una carta. A las mujeres de los campesinos, que en época de cosecha no tienen tiempo para nada, les compra artículos domésticos y vajilla en el mercado, a los médicos y farmacéuticos les lleva medicamentos, y reparte ricas mercancías a los hombres de negocios. Como retribución suele recibir una décima parte del valor de la mercancía.

Al correo ducal le gustaría prohibir semejante competencia. El recurso se pierde en las instancias del gobierno. Las ciudades de Weimar y Jena están prácticamente desconectadas del tráfico suprarregional, no están situadas en la Via Regia, en la ruta comercial central del Sacro Imperio Romano Germánico. Leipzig y Erfurt son nudos importantes, el acceso directo más cercano está junto a Buttelstedt, al norte de Weimar, a doce kilómetros de distancia. Las mujeres mensajeras son un complemento indispensable de las sillas de posta, que también iban muy despacio. Sin ellas, amplias regiones del país carecerían de correo postal.

Hoy la mensajera Wenzel transporta otra vez algo especial: cartas del señor Goethe al señor Schiller. Eso sucede desde hace ya largo tiempo. Y no solo cartas, también arrastra de aquí para allá regalos que ambos se hacen. Precisamente viene de la casa de Frauenplan con un lucio en el equipaje. La persigue un penetrante olor a pescado y, si de repente el viento cambia de dirección, el tufo se percibe a unos buenos cien metros por delante. Ha tenido que transportar a Jena incluso piedras de la colección del príncipe poeta, o pliegos de alguna revista, e incluso le tocó llevar a Weimar, envueltos en una caja, unos bizcochos que había hecho la señora Schiller. Regalos y respuestas a los regalos.

Con mucha frecuencia, la mujer debe esperar hasta que los señores terminan de leer una carta, formulan una respuesta y encuentran el aditamento deseado. Pero en ella se puede confiar. La mensajera presta servicios incalculables precisamente cuando hay que proceder con prisa, cuando hay que cerrar los últimos acuerdos antes de la inauguración. Al final es ella la que determina el ritmo de la correspondencia, el intercambio intelectual entre ambos hombres.

La mensajera Wenzel toma un último trago del cántaro, la mañana alborea, tiene que darse prisa. El camino conduce a través de Hohlstedt e Isserstedt, se adentra en el Mühltal, aproximadamente una milla más, y llegamos a Jena.

El tiempo que Goethe pasa en Jena no solo es beneficioso para su obra poética, también aquí es donde mejor prosperan sus investigaciones sobre la naturaleza: plantas, piedras, nubes, huesos, todo se mueve, todo se encuentra en una constante transición, ascendiendo desde la más sencilla organización hasta formas más complejas, paso a paso, para llegar finalmente a la más complicada de todas, la del hombre, en el todo de la naturaleza, que es el sistema de sus miembros particulares. Goethe intenta establecer sobre una base metódica los ámbitos particulares de la investigación de la naturaleza. Él llama morfología a la «teoría de la forma, de la formación y transformación de los cuerpos orgánicos».

Schiller contribuye lo suyo a que en Jena Goethe adelante tanto en sus estudios de ciencias naturales. Hace de espejo, y le muestra cosas que este nunca habría visto por sí mismo.

La historia de su amistad es la de una permanente revolución. Tratan siempre de nuevo *un mismo* conflicto fundamental: el de cómo se comportan entre sí la experiencia y la idea. E igual que todos los comienzos, también este fue difícil. El nudo se había deshecho aquí, en Jena, con ocasión de unas jornadas de la Sociedad de Investigación de la Naturaleza. Han pasado cinco años desde entonces.

Goethe y Schiller, miembros de honor de la Sociedad, han asistido a una conferencia en la Rathausgasse, en la casa Bachstein. A ambos les ha decepcionado; cuando Goethe quiere abandonar el local antes de tiempo, también Schiller se levanta, y los dos se encuentran en la salida, deslizándose por la estrecha puerta. Entonces comienza súbita e inesperadamente una conversación. En ella comentan cómo se puede considerar la naturaleza desmenuzándola de tal manera; desde su punto de vista, hay que considerarla más bien como un todo indivisible, orgánico, como vida. Y mientras ambos salen a la calle, de pronto Goethe descubre un aspecto común entre los dos: el interés por la naturaleza.

Schiller ha abierto la puerta de par en par; Goethe entra y le expone su visión de que la naturaleza ha de entenderse como activa y viva, aspirando desde el todo a las partes, nunca por separado, desmembrándola. Caminan lentamente calle abajo, pasan la esquina frente al ayuntamiento, en la que hace poco se ha instalado su amigo común, Wilhelm von Humboldt, y recorren unos pasos del mercado.[6] Un encuentro muy distinto del primero.

El primer encuentro entre ambos, en septiembre de 1788 en Rudolstadt, transcurrió con cierta frialdad. Lo había organizado Charlotte von Lengefeld, que más tarde se convirtió en la esposa de Schiller. Lo cierto es que Goethe no esperaba demasiado de aquella cita. *Los bandidos*, de Schiller, le resultaba una obra odiosa. Goethe, todavía bajo la influencia de su viaje a Italia, investigaba la metamorfosis de las plantas, la manera como surge del germen la hoja, de la hoja el tallo, del tallo el fruto y, finalmente, del fruto un nuevo germen y de este una nueva hoja. Si en el jardín de Palermo no topó con la buscada planta originaria, tampoco en el mundo de la investigación de la naturaleza recibió ninguna confirmación. No creía entonces que en Schiller pudiera encontrar a un aliado. Al final de la reunión, su interés no había aumentado.

Cuando ahora llegan a la casa de Schiller ha pasado algo de tiempo, ninguno de los dos sabe cuánto, aunque Schiller vive a tiro de piedra del lugar de las jornadas. Y ahora se encuentran los dos delante de su vivienda, todavía conversando sobre la naturaleza y su relación con la ciencia. De nuevo Schiller abre la puerta, y de nuevo Goethe franquea la entrada, pero ahora de manera totalmente real.

Se accede a la vivienda a través de una antigua escalera de caracol. Hace poco que Schiller, de regreso de su patria suaba, ha dejado la casita de la Zwätzengasse, donde había residido durante los meses anteriores, para empezar a vivir con su familia en el primer y segundo piso de la espléndida casa de profesores, de tres niveles. El pináculo orientado hacia el mercado adorna una fachada sencilla.

La vivienda es espaciosa. En las paredes de cal cuelgan siluetas. El sofá y las sillas están tapizados con tejidos a rayas. En la mesa hay tazas; por todas partes aparecen libros y periódicos dispersos. Y mientras Schiller se deja caer en el sofá con un suspiro de alivio por el hecho de que se haya producido esta conversación, Goethe comienza a esbozar con amplios movimientos de brazos su concepción de la metamorfosis de las plantas.[7]

Con unos pocos trazos diseña la doctrina, hace que de pronto surja una planta ante los ojos de Schiller. Este observa lleno de admiración y con mayor interés todavía cómo el colega poeta se enfrasca en su discurso, pero al final sacude la cabeza: eso que Goethe acaba de bosquejar en el aire no es una experiencia, es una idea. Goethe se queda perplejo. El punto que los separa está diseñado con precisión. Tiene que contraatacar. En el fondo eso le place mucho a Goethe y le hace comprender que tiene ideas sin saberlo. Tiene ideas que incluso pueden verse con los ojos. Schiller asiente sin más, lo comprende. Aquí nadie puede sentirse vencedor. Ambos en otras situaciones se presentan con gusto como autoridades insuperables, pero no aquí, no ante semejante contrincante. La diferencia entre ellos está «vencida», eso es decisivo. Desde el punto de vista del otro, cada uno ve con mucha más claridad la posición que él mismo defiende.

El primer paso está dado. Las fuerzas de atracción entre ellos son enormes. Esperan verse en el futuro con mayor frecuencia y poder intercambiar experiencias e ideas. Después de cada encuentro inesperado parece como si ninguno de los dos pudiera arreglárselas sin el otro. Generan tensión. Concentran energía. En todo caso, desde aquel día la conversación ya no se interrumpe; se habla oficialmente de Goethe y Schiller, ambos se encuentran al mismo nivel. Desde entonces Jena y Weimar están puerta con puerta.

Abatir o ser abatido
Diabluras literarias

O bien se forma uno como burgués, o bien se convierte uno en ser humano. Clemens Brentano tenía una visión muy clara sobre la vida, después de una larga época en la que no sabía qué hacer con su persona y con el mundo. Aunque solo tiene veinte años, ya ha tomado una firme decisión: no quiere ser ni comerciante, ni abogado ni médico. Tiene aspiraciones más altas. Quiere escribir una novela y desarrollar el genio que percibe latiente en su interior.

Desde que se ha posicionado en contra de una existencia burguesa, cada vez acude con mayor frecuencia a la mesa de Caroline Schlegel a almorzar. Ha cortado el contacto con sus compañeros. Ahora cultiva otros intereses. Busca la compensación por las exigencias que ha de soportar cada día, allí fuera, en el mundo dormido. Aquí Brentano, matriculado oficialmente como estudiante de medicina, se encuentra con Schelling, el famoso filósofo, con Paulus, el teólogo, con el traductor Gries, que ha venido de visita desde Gotinga, con el poeta Ludwig Tieck, que junto con su mujer quiere pasar el invierno en Jena, con Johann Wilhelm Ritter, el conocido investigador en el campo de las ciencias naturales, y con Henrik Steffens, el apologeta de Schelling. A veces se reúnen entre quince y dieciocho personas en torno a la mesa.

Caroline está muy ocupada cuidando de sus invitados. En ocasiones, a las doce no sabe todavía lo que pondrá en el plato. Entonces hay que echar mano de patatas sin pelar y arenques ahumados; con un parco puchero también se sale del paso en caso de necesidad. Ella improvisa como puede. Pero Brentano y los demás no vienen por la comida, sino por la conversación en común. Los temas son la literatura, los últimos descubrimientos en el campo de las ciencias naturales, la filosofía y, una y otra vez, Kant. Caroline es experta en reanudar la conversación si alguna vez languidece.

La temperatura de la empresa intelectual es alta. Las ideas se abren paso y se volatilizan. El tiempo se deshace como un trozo de mantequilla en la sartén. Solo Gries, «Griesette», como Caroline lo llama en la mesa cuando vuelve a soñar despierto, permanece sorprendentemente silencioso. Lo que entra en su boca es más de lo que sale de ella. Pero es un hombre muy sociable. Es poeta y traductor, a decir verdad más traductor que poeta; traduce sobre todo obras de lenguas románicas. Hasta ahora ha traducido al alemán a Dante, Ariosto, Tasso y Calderón. En esto nadie está a su altura, a excepción quizás de Wilhelm.

Hoy le cantan las verdades a uno de sus amigos especiales, pues conocen el paño. August von Kotzebue no se ha privado de atacar de frente a Schlegel por su nueva obra. Kotzebue, ese dramaturgo tan sumamente mediocre, que con gran vanidad se considera de igual alcurnia que Goethe y Schiller, basándose en el único argumento de que con sus piezas tiene mayor éxito en Alemania que ningún otro, ¿intenta plantarles cara? La obra se titula *El asno hiperbóreo o la formación actual.* En Jena no pueden por menos de reírse al respecto. La cuestión es: «Ser o no ser, yo o no yo, abatir o ser abatido».[1] Hay una escena dedicada al *Athenaeum* y muestra cómo Fritz acaba finalmente en una casa de locos.

Lo que en el *Athenaeum* lleva el sello de la genialidad, para Kotzebue tiene visos de arrogancia y rudeza. Kotzebue odia de todo corazón al círculo de Schlegel, que a su juicio es incomprensible, afectado, y está animado por el espíritu revolucionario; y en el círculo ilustrado de Berlín le lanzan todavía más reproches. Los Merkel y los Nicolai se inmiscuyen de lleno en la sucia pelea. Según se oye, Garlieb Merkel anda contando por Berlín que el duque ha lanzado una reprimenda contra los Schlegel por culpa del *Athenaeum.* Wilhelm y Tieck improvisan esa misma tarde un soneto polémico contra Merkel: «¿Venías tú de los lejanos letones tan solo para chapotear por doquier en el cieno de la humanidad? Para decir obscenidades, regresa a tu patria. Revistas, ante los Merkel habéis de temblar».

También la *Allgemeine Literatur-Zeitung* intriga contra los Schlegel y permite que se publiquen recensiones demoledoras. La revista, en el pasado vanguardista en el campo del kantismo, o sea, un arma en la lucha contra el dogmatismo, con el paso de los años se ha convertido en un baluarte del resentimiento. Pero este rechazo es recíproco. Wilhelm, que ha escrito ya aproximadamente trescientas reseñas para el *Allgemeine Literatur-Zeitung*, decide despedirse de la revista.

La guerra no estalla a causa de la obra de Kotzebue sobre el asno, una «diversión vulgar». Precisamente Fritz, que debería ser el más afectado, se divierte de manera deslumbrante: «"Y ¿qué es un asno?", pregunta el sabio. Una cosa finita con orejas infinitas». En algún momento aparece el licor en la mesa. ¿Por qué se preocuparía del mundo alguien que quiere formarse para llegar a ser un hombre? Por esta causa brinda con gusto Brentano: *santé!* Los burgueses, allí fuera, no hacen más que abarrotar las callejuelas.

Un hombre en Jena resulta notoriamente insoportable en las horas de mediodía. Siempre que en la conversación aparece el nombre de Schiller, la gente pone los ojos en blanco. A Wilhelm esto le resulta un poco incómodo, pues fue precisamente Schiller el que, en 1795, lo invitó a venir a Jena junto con Caroline. En lugar de escribir cartas, había dicho Schiller, era más agradable una conversación cara a cara.

La carta, a través de Friedrich Körner, amigo y protector de Schiller, le llegó a Wilhelm en Ámsterdam, donde tenía un puesto de preceptor desde 1791. Se había comprometido por seis años, un periodo de tiempo que resultaba fastidioso para sus estudios.

En Ámsterdam no hay en ese momento bibliotecas públicas, por lo menos nada digno de este nombre, y no puede utilizar las bibliotecas privadas. A través de Fritz recibe de vez en cuando novedades y extractos. Pero necesita bibliotecas, sin ellas no puede planear la escritura de ningún libro. El campo en el que mejor aprovisionado está Wilhelm es el de los antiguos griegos y romanos, gracias a la enseñanza impartida a su pupilo Willem Ferdinand Mogge Muilman,[2] hijo único del acaudalado comerciante y banquero Henric Muilman. Este también se ha hecho un nombre como coleccionista de obras de arte, posee casi doscientos cuadros. En su residencia en la Herengracht, donde vive Wilhelm, cuelga, junto con *La lechera* y *La encajera,* de Vermeer, entre otras pinturas, el retrato de Elisabeth Bas, de Rembrandt.[3]

Wilhelm lleva una vida confortable. Las relaciones comerciales de Muilman se extienden hasta la India y Sudamérica. En el puerto se descargan a diario mercancías de países lejanos, desconocidos, de los cuales no pocas van a parar a casa de Muilman. A Wilhelm no le falta de nada, por lo menos en el sentido material. Aunque no le convence el paté de tortuga, que no es carne ni pescado.

Para progresar en el mundo erudito, comienza a traducir del holandés, una lengua muy pesada, a su juicio, sin poesía, semejante al bajo alemán, un dialecto provinciano, casi una ofensa para el oído de un filólogo que ha gozado de formación en la antigua y prestigiosa Universidad de Tubinga. La traducción es de un libro sobre las guerras navales entre Inglaterra y Holanda, un trabajo accesorio para el mundo erudito. Al final la obra aparece bajo seudónimo, el autor no puede ufanarse de ella: *Noticias para el esclarecimiento de los acontecimientos durante la última guerra entre Inglaterra y Holanda.*

En estas circunstancias, Wilhelm se alegró tanto más cuando le llegó de Jena la invitación de Schiller. A través de su hermano Fritz, sin que Wilhelm tuviera el más mínimo contacto con Schiller, se dispusieron unas pruebas de su traducción de Dante para publicarlas en *Horen.* El preludio, una traducción sin adornos del primer canto del *Infierno,* fue un éxito: «En la mitad del camino de la vida, me hallé en un bosque oscuro, porque del camino recto desviado me había». Dante habla de todos los tiempos, de todos los hechos que desde entonces se han producido como si todavía no hubieran tenido lugar.

Jena parece un lugar prometedor para quien pretende mover algo en el mundo literario. Allí están Goethe, Schiller y Fichte; Wilhelm ha oído hablar mucho al respecto. Ahora tiene un contacto para dirigirse allí.

Schiller aprecia a los hermanos Schlegel como extraordinarios conocedores de la literatura alemana y europea; como traductores magníficos, sobre todo de los dramas de Shakespeare; como grandes filólogos. Desde que Wilhelm en 1789 llamó la atención con sus primeros esbozos de traducción del dramaturgo inglés, el proyecto de una traducción alemana de Shakespeare fue adquiriendo contornos cada vez más claros. Comenzó con el *Sueño de una noche de verano,* a la que le siguió *Romeo y Julieta* y, después de *Hamlet,* quedaban todavía muchas obras por traducir. Schiller quería trabar vínculos con los dos hermanos, pero no solo como colaboradores de los muchos proyectos de revistas que él dirige, por ejemplo, *Thalia, Horen* y *Musen-Almanach,* o en *Allgemeine Literatur-Zeitung,* donde también trabaja; todas esas revistas se leen por doquier en Alemania y, sin ellas, la economía de Schiller no saldría a flote.

Ya no hay rastro de la simpatía inicial y de los aspectos comunes. Cuando Schiller lo insta repetidamente a enviar poemas al *Musen-Almanach,* Wilhelm reacciona irritado. Goethe, dice, puede darle algunas de las «pequeñas poesías» que le ha entregado a él. Pero Wilhelm añade que, dada la relación extraña existente entre ellos, apenas puede creer que la propuesta de Schiller sea seria. El asunto queda así liquidado.

Con Goethe hablan, sobre Schiller se bromea. Últimamente con la «Canción de la campana», que, nada más publicarse en el *Musen-Almanach für das Jahr 1800,* es fuente de mofa. Deshojan el texto de cabo a rabo. Casi se caen de las sillas de la risa, así de imposible de expresar es lo que Schiller ha vertido en el papel: patético, impropio de la época y desfasado, diecinueve estrofas de barro, repletas de absurdo con todo tipo de imágenes sinuosas. «Allí las mujeres se convierten en hienas, y hacen burlas con horror, todavía palpitantes con los dientes de la pantera, desgarran al enemigo el corazón.» Así pues, eso es para Schiller la revolución. Los primeros versos logran introducirse de forma furtiva como una tijereta, no se le van a uno de la cabeza. La primera estrofa se les graba a fuego: «Firmemente amurallada en la tierra está la forma de arcilla quemada...». Para volverse loco.

Schiller, en comparación con Goethe, es demasiado tardo y carente de alegría. En relación con «Dignidad de las mujeres», otro hazmerreír, Wilhelm escribe de inmediato una parodia, «Elogio de Schiller a las mujeres», pues no hay otra manera de soportar la composición: «¡Honrad a las mujeres! Ellas zurcen las medias, laníferas y calientes, para vadear los pantanos, remiendan pantalones rotos». Está claro que Schiller necesita años para llevar al papel lo que Goethe compone en una tarde. Una pequeña luz poética.

De todos modos, hay que procurar que la broma no llegue al lugar equivocado, que no se extienda hasta Weimar. Nada sería peor que esto. Quien hace burlas públicas sobre Schiller daña su relación personal con Goethe, y el círculo de los Schlegel prefiere una relación amistosa con Goethe a todas las diabluras literarias.

Se ha levantado la mesa, los invitados se marchan. Cada uno vuelve a su escritorio. Brentano se dirige a la vivienda de Sophie Mereau.[4] La poetisa, ocho años mayor que él y esposa de un profesor, vive en la Jenergasse, a dos pasos de la Leutragasse. Es una relación que ha cultivado recientemente. Pasa muchas horas al día en su compañía.

En la casa de la Leutragasse se distribuyen entre los diversos pisos. Abajo Dorothea, un tramo de escalera más arriba Caroline, luego Wilhelm, y Fritz en lo más alto, bajo el techo. Se han puesto de acuerdo para dar un paseo por la tarde. Solo Wilhelm se quedará en casa. Ha quedado para dar un paseo mañana con Goethe, que había prolongado sus vacaciones con el duque. Para la nueva edición de las *Elegías romanas* el año próximo han de limarse las asperezas de algunos pasajes. El mayor poeta vivo necesita una ración extra de conocimientos clásicos, y por eso acude a ellos, al «avispero».[5]

Los paseos son extraordinariamente largos, cada mañana de diez a una. Wilhelm y Goethe van de aquí para allá a lo largo del Paradies, un extenso parque por donde pasa el Saale, en camino de ida y de vuelta por las dos avenidas de tilos, y Wilhelm tiene la impresión de que le flaquean las piernas. Después se desploma sobre el sofá y oye a Fritz subir y bajar las escaleras.

El anciano de la montaña
En el paraíso con Goethe

Tieck quiere que lo lean, y no cualquiera, sino el patriarca de Weimar en persona. La oportunidad surge cuando Goethe, a principios de diciembre, visita una vez más Jena. Tieck tiene la posibilidad de presentarle su *Genoveva,* la pieza que acaba de componer. Es una elaboración dramática de la leyenda de igual nombre, que celebra la religión, la caballería y el amor. Aquel a quien el propio tiempo vuelve la espalda, también él le vuelve la espalda, y mira al pasado, no precisamente para regresar a él, sino, más bien, para encontrar un apoyo en el recogimiento interior. Y quien, como la condesa Genoveva, condenada a muerte por una supuesta infidelidad, no pierde la confianza, la fe en un destino superior, encuentra la redención de sus penalidades.

Fritz, Novalis y los demás conocen ya el drama. Tieck lo ha presentado el mes pasado en una reunión, en la que hubo mucho jolgorio entre los amigos. Produjo sensación en un pequeño círculo. En la obra aparecen la percepción religiosa de Wackenroder, la intuición y el sentimiento de Schleiermacher y el misticismo prodigioso de Böhme, y está llena de referencias literarias y alusiones filosóficas, pero los oyentes entendieron de qué se trataba. Tieck se tranquiliza.

Hasta ahora ha destacado sobre todo con leyendas populares, novelas y artículos de teoría del arte. No ha escrito nada dramático en sentido estricto. De él se conocen *Excursiones de Franz Sternbald* y *Efluvios cordiales de un monje amante del arte.* Desde que su amigo Wilhelm Heinrich Wackenroder, con el que ha escrito artículos a cuatro manos y los ha editado de manera anónima, murió el año pasado de tifus, una enfermedad infernal, Tieck aspira a introducirse en la vida literaria. Cree haberla hallado en la Leutragasse.

Ya desde el verano anda de aquí para allá por la ciudad. A mediados de octubre le han seguido su mujer Amalie y su hijita Dorothea, que no llega al medio año. Si todo va bien, permanecerán allí por lo menos hasta la primavera.

Entretanto Tieck es un contertulio asiduo en las comidas de Caroline, simpatiza con sus nuevos amigos y lee por la tarde sus propios dramas y poesías. Se le da la bienvenida al pequeño universo de la casa, en el que a veces, como por error, parece que florece el mundo entero.

Tieck sabe apreciar su amistad. Pero le resultan insoportables las contiendas, la eterna perversidad hacia Kotzebue, el *Allgemeine Literatur-Zeitung* y Merkel, y las constantes idas y venidas entre Caroline y Schelling. En tales casos permanece taciturno y espera a que el asunto acabe. Si no tuviera un vínculo de amistad tan estrecho con aquel círculo, haría tiempo que habría escrito una comedia. Había material suficiente para hacerlo. Incluso Dorothea había empezado a escribir una novela, qué mal gusto.

En cualquier caso, Novalis y Wilhelm se han puesto en contacto con Weimar[1] y lo han introducido en la casa de Frauenplan. Tieck le cayó bien de inmediato a Goethe, se dio cuenta de ello. Ahora, finalmente, el patriarca tiene que conocerlo por extenso en el plano literario con un texto de un calibre diferente por completo, no con un cuento o una novela, sino con una tragedia en cinco actos.

Tieck esperaba este momento con impaciencia desde la juventud. Su vida entera parecía estar dirigida a ver a Goethe e impresionarlo. También se imaginaba que alguna vez representaría obras teatrales bajo su dirección.

Se citaron para la tarde en el piso más alto del castillo de la ciudad de Jena. El sirviente Carl se ha retirado y se hallan solos. Goethe está sentado en un sillón, con una taza de chocolate caliente delante y las piernas tendidas bajo una manta. Hablan sobre esto y lo otro, en particular sobre Shakespeare. Tieck le pregunta a Goethe en qué medida le ha gustado Ben

Jonson, a quien le recomendó en Weimar hace algunos meses. Comenta también que Jonson, junto con Shakespeare, quizás fuera el dramaturgo más importante de su época, del gran siglo del Renacimiento. Un tipo maldito, un verdadero diablo, qué de triquiñuelas tenía en la cabeza, además de ser un galanteador. Y mientras Goethe intenta salirse del asunto de alguna manera, pues no ha hecho más que echar una ojeada a la obra, a Tieck le parece como si de pronto reconociera todas las figuras en los rasgos del rostro de Goethe: a Götz, a Fausto, a Tasso.[2] A él le sucede como a Dorothea, que hace poco le ha contado su encuentro con Goethe en el parque.

Entonces Tieck recibe la señal de comenzar, y mientras él lee y se introduce poco a poco en el texto, Goethe escucha. Atento y ensimismado sigue cada frase. Parece como si el drama se consumara por primera vez en el acto de la lectura en voz alta, en la dramaturgia de la pronunciación. La sala se llena con la voz de Tieck, que demuestra de nuevo su talento para la lectura. Es una verdadera «máquina de leer»,[3] tal como lo conocen ya los otros, Caroline y Wilhelm, Fritz y Dorothea. El oído piensa a la vez, y piensa el texto hasta el final: «No puedo decir a nadie cómo da forma, / ninguna lengua puede expresar lo que he sentido, / el aliento terrestre es incapaz de expresar de nuevo lo que sus ángeles cantaron, / como cuando después de los sombríos días de invierno / quiere irrumpir la primavera a través de la sombra, / y en la primavera se enciende primavera, / de las flores se teje todavía una flor».

Dorothea temía ya no tener oportunidad de ver al viejo. Todos los demás lo conocen, algunos desde hace tiempo; Caroline disfrutó por primera vez de su compañía en Gotinga hace veinte años, Wilhelm pasea con él casi a diario por el Paradies. Pero ¿ella? Una vergüenza. Al final es como haber estado en Roma sin besar las zapatillas del papa. Además, Tieck le había advertido antes que convenía ver al consejero privado en Jena, pues allí es muy distinto de su forma de ser en casa, en Weimar. Pero cuando Goethe está en Jena se pasa el día en casa de Schiller, y, según se rumorea, este ha decidido abandonar la ciudad. A Dorothea esto no le gusta: es cierto que ella no traga a Schiller, pero si este se traslada a Weimar, es posible que no vuelvan a ver a Goethe.

Pero ahora, mientras pasea con los amigos a lo largo del río para recuperarse del discurso que Novalis ha pronunciado sobre la idea de una nueva cristiandad, esbozando la visión de una comunidad renacida de católicos y protestantes desde el espíritu de la Edad Media, ella, Dorothea, cree reconocer a alguien allí, bajo el claro cielo con ligeras manchas de nubes. Se inquieta. ¿No acababa de hablar Novalis precisamente de que nada es tan indispensable para una verdadera religiosidad como un miembro intermedio, que nos une con Dios y es su aparición sensible?

Dorothea sale corriendo hacia delante. Fritz apenas puede seguirla, al resto del grupo lo ha dejado ya algunos metros atrás, se ha escapado de Tieck y Wilhelm; Novalis y su hermano Karl trotan tras ella atónitos. Goethe intenta escapar a la gran embestida, pero es demasiado tarde: una breve mirada al corro, los cumplidos van de aquí para allá. ¡Qué bonito sería estar con él a solas!

Al principio Dorothea no se atreve a dirigirle la palabra. Pero antes de que se produzca ninguna conversación, sin duda es mejor hablarle. Le vienen a la cabeza la impetuosa corriente del Saale y los balseros en el río.

Goethe se muestra más accesible de lo que podría esperarse según los relatos de otros interlocutores. Incluso la acompaña monte arriba, de donde él ha venido. Camina junto a ella con pasos uniformes, un poco cansinos, y las manos entrelazadas en la espalda. Y mientras empieza a instruirla con datos interesantes de la región, sobre el curso del Saare y los negocios de los balseros, ella recuerda el culto a Goethe en los salones de Berlín en los que ha crecido. A ella y a las demás damas de salón Friedrich Nicolai se les dio el nombre de «esclavas de Goethe». Todas estaban entusiasmadas con Goethe entonces en Berlín, en la medida en que lo habían leído. Mientras caminan, Dorothea no puede atender a lo que él dice. Le vienen a la

Giulio Romano, *El Olimpo*, fresco del techo en el Palacio del Té, Mantua, 1526-1535 (detalle).

mente los muchos poemas que recuerda de memoria. También piensa en Wilhelm Meister, al que Goethe, según parece, se asemeja un poco. En general, Dorothea cree reconocer en sus ojos a todas sus figuras: Götz, Fausto, Tasso. Lástima que sea tan corpulento. Goethe tiene el aspecto de un negociante de vinos de Frankfurt, tanto ha engordado. Está como hinchado.

Después de media hora, que a Dorothea le parece una eternidad, la audiencia termina. Cuando toma su mano para despedirse, el sudor cae de su barbilla como si fuera sopa.

Tan solo cuando suenan las campanas a medianoche se interrumpe el silencio en la estancia, como si fuera un retumbar de truenos. Es ya noche profunda cuando Tieck deja a un lado el manuscrito. Ambos se han olvidado del tiempo.

La taza de chocolate que Goethe tiene delante se ha enfriado. En la leche se ha formado una telilla. A través de la ventana, que tiene una rendija abierta, entran los tañidos de las campanas de la torre. Ni las diez, ni las once, en efecto: las doce. Lo único verdadero es lo que se resiste al dominio del tiempo, a su manera de girar en torno a sí mismo siempre de la misma forma, día tras día.

Han estado sentados juntos durante cuatro horas, sin nada entre ellos más que el texto y la voz, *Vida y muerte de santa Genoveva*. De buen grado o por fuerza, la segunda parte habrá de esperar al día siguiente, aunque Goethe ya ha anunciado que mañana no estarán solos. Los acompañará August, su hijo de diecinueve años. Goethe hará mañana un par de objeciones; no es mucho, la obra le ha gustado. El joven poeta se lo tomará a pecho.

Tieck se despide, también él tiene aspecto de estar rendido. Desde fuera penetra el canto de los estudiantes que abandonan las tabernas para volver a casa. Corre el aire.

Intermezzo
El siglo demorado

¡Qué pensamiento tan fantástico! Se acerca el cambio de siglo, el comienzo de un tiempo nuevo. ¡Con qué brío disparan los cañones!, ¡qué palabras decoran las tarjetas de invitación!, ¡qué sermones se oyen en los servicios de culto! Todo se planea con meticulosidad. Una locura: el siete se convierte en ocho.

En círculos eruditos se ha desatado una disputa sobre cuándo comienza el nuevo siglo. ¿El 1 de enero de 1800? ¿O bien el año 1800 pertenece todavía al tiempo antiguo? La disputa llega incluso a las cortes de los príncipes y se convierte en conversación habitual. Un partido opina que la cesura se produce tan pronto como se pueda escribir «1800» en el membrete, el otro sostiene que es necesario esperar hasta 1801, y que en definitiva el cambio de siglo es algo más que un suceso caligráfico.

Los del cero no pueden creerlo. ¿Qué, uno? ¡El tema está en el ocho! ¡Ochocientos!, eso sin duda comienza con «ocho»; un año más tarde hará tiempo que los dedos estén acostumbrados a escribirlo y la boca a pronunciarlo: siglo dieciocho. ¿No debería estar claro para todo el que tiene un poco de entendimiento y un poco de sentido común de cara a las diferencias elementales de la vida que con las doce campanadas del 31 de diciembre de 1799 se ha producido el gran giro, que no se podrá experimentar una segunda vez de igual manera?

A la otra parte esos argumentos la dejan fría. Despliega sutilezas del todo diferentes. Supongamos que el siglo XIX tiene deudas con el siglo XVIII, digamos que le debe trescientos táleros. Si los del cero estuvieran en lo cierto, según su lógica tan solo debería pagar doscientos noventa y nueve táleros. Quien adjudica ya el año 1800 al nuevo siglo, tendría que adjudicar también el tálero número trescientos al siglo siguiente, y así debería reducir en correspondencia la suma de la deuda. El siglo XIX engañaría exactamente en un tálero al siglo XVIII. ¿Es esto justicia histórica?

Es así como va y viene la discusión. Ya en el año anterior Johann Christoph Lichtenberg había publicado una «disertación sobre la cifra 8» en el gran concierto de los números. Desde su punto de vista, el presidente del gremio es el cero y el administrador es la eternidad.

Hay que aclarar cuándo ha de celebrarse el banquete del nacimiento del siglo XIX. ¿El día en que aparece el ocho en el banco de la centena? ¿O bien una vez que esa cifra ha estado sentada allí durante un año, una vez que el uno asume la función de una unidad? La cuestión es de interés para el ocho, al fin y al cabo está en juego su primer año de gobierno con rango de cien, un rango que no se concede con frecuencia. Para el ocho, han transcurrido novecientos años, el mismo tiempo que entre el comienzo del cómputo de años y el final de su primer reinado. Le sangra el corazón ante la idea de que su año de entrada probablemente tenga que devolverse al siglo pasado. Podría ser el comienzo del siglo[1] que verá duplicarse el número de los planetas y multiplicarse los satélites y los metales, el siglo en que las batallas aéreas de los pueblos se comportarán en una proporción de 580 a 1 en comparación con la batallas de tierra y mar en el pasado, y en el que los periodistas de París y de Hamburgo dirigirán su telescopio de cien pies hacia el cielo, cuando los raudos héroes y sus cantores caerán en picado desde el aire como si fueran aves rapaces y alondras.

La pregunta de cuándo comienza el siglo es más antigua que la disputa desarrollada en ese momento. En el gran Estado vecino de Prusia, cuando los frentes estaban abiertos con parecida dureza, se decidió que el siglo XVIII comenzaba el 1 de enero de 1701, todo por el simple hecho de que en la corte de Berlín se quería entender la coronación del rey y el ascenso de Brandeburgo como signo de un tiempo nuevo. La primera hazaña heroica del siglo XVIII: todo un reino gobernado por Federico I. Para el 1 de enero de 1801 se pretende celebrar el centenario de la coronación, con el rey Federico Guillermo III y la reina Luisa a la cabeza. También la curia romana votó entonces a favor de 1701. Mientras tanto en Francia, donde rige el calendario revolucionario desde hace ocho años, apenas hay nadie que se interese por tales cuestiones. Allí se encuentran en pleno mes de nivoso, el «mes de la nieve», y se ha cumplido el año VIII de la República: el año octavo desde que la libertad, la igualdad y la fraternidad tienen vigencia en suelo francés.

También esta vez los del cero pierden y tienen que doblegarse ante los argumentos de los contrarios. Para completar el cien no puede faltar el cien mismo. Las doce cuidadosas campanadas a medianoche no anuncian todavía el comienzo del nuevo siglo, aunque sí el final del antiguo. El siglo se ha demorado.

La historia se hace
Schiller y la tormenta en la Salana

Las cajas están preparadas y las arcas cargadas. Las últimas semanas han sido agotadoras para los Schiller, y no solo por la mudanza que se aproxima. En octubre vino al mundo Lolo. La criatura —se llama Caroline— se encuentra bien, pero la madre ha perdido mucha sangre. Se quedó en cama consumida por la fiebre. Su estado era tan crítico que el médico por poco la desahucia. Ahora se ha recuperado. Mejor no pensar en la posibilidad de que no hubiese sobrevivido al puerperio.

Ya entonces, cuando dejó su vivienda en la ciudad, situada en el Löbdergraben, para trasladarse a la casita en la Leutra, Schiller se había planteado la posibilidad de residir en Weimar. Las razones a favor eran: el aire más suave, la oportunidad de moverse más, y no en último término el deseo de estar más cerca de Goethe y del teatro. En primavera se puso en escena la tercera y última parte del drama sobre *Wallenstein*, titulada *La muerte de Wallenstein*. Llegaron aplausos de todas partes, incluso de la pareja real de Prusia, que se había negado a asistir a la representación en Berlín, pues le interesaba la de Weimar y solo esta. Después de este éxito, el duque manifestó el deseo de que Schiller se estableciera en Weimar de manera duradera, a ser posible ese mismo año, antes del invierno. Y ahora está ahí el tercer hijo. Charlotte von Kalb, que conoció a Schiller cuando era un poeta teatral sin medios en Mannheim, le ofreció su vivienda, ya amueblada, en la Windischengasse.

Por tanto, vuelta a la corte, a un ambiente del que Schiller había huido en Wirtemberg hacía muchos años. Aún recuerda aquella noche. El duque había organizado una fiesta en honor al gran príncipe Pablo y a su esposa, sobrina del duque. La ciudad estaba alborotada, había gente importante dondequiera que se dirigiera la mirada, los fuegos artificiales brillaban en el cielo nocturno de Stuttgart. Mientras eso sucedía en el palacio Solitude, Schiller, poeta celebrado ya en toda Alemania por su estreno en el teatro, puso en marcha su plan, pensado desde hacía tiempo, y desertó. ¿Cómo se podía escribir poesía en un país donde a uno se le niega constantemente la libertad de pensamiento? Le acompañaba un amigo, Andreas Streicher, que estaba en camino hacia Hamburgo, para estudiar piano con el famoso Carl Philipp Emanuel Bach. Schiller quería ir a Mannheim. Ya había huido una vez hacia allí, para la primera representación de *Los bandidos,* y en esa ocasión quería presentarle su nueva obra, *La conjuración de Fiesco,* a Dalberg, el director artístico del Teatro Nacional de Mannheim. *Adieu!* ¡Adiós! Y ahora a Weimar, con Goethe allí, otra vez a los brazos del duque.

Nada se debe a la casualidad, nada en absoluto. La primera ronda la gana él, Schelling. Los sábados por la tarde juega siempre con Schiller y Niethammer a las cartas. El juego es el tresillo, que surgió en España en el siglo XIV, y se ha difundido con modalidades tan variadas que al principio no se ponían de acuerdo sobre las reglas.

Schelling no habla mucho cuando juega, retuerce constantemente su pañuelo. Sin contraer el gesto de la cara, pone las cartas en la mesa con un golpe. Schiller y él apenas tienen ya nada que decirse. Se ha volatilizado el entusiasmo con que Schelling corrió hacia él el día de su llegada. Ahora, para «vergüenza de la filosofía», tal como el propio Schiller hubo de conceder una vez, solo se ven para jugar a cartas o cuando se reúnen con Goethe.

Además del tresillo, el consejero privado es el único interés que todavía comparten. Cuando se juntan los tres, suelen hablar de la investigación de la naturaleza en general y del magnetismo en particular. En los últimos tiempos también han discutido los discursos de Schleiermacher *Sobre la religión.* Al principio Goethe no terminaba de alabarlos, pero a la postre los rechazó con tanta más decisión cuando notó que el texto se tornaba cada vez más cristiano.

En su último encuentro repasaron página por página la introducción al *Primer esbozo de un sistema de la filosofía de la naturaleza,* de Schelling. El texto atrajo toda la atención de Goethe. Un tremendo crecimiento en cada una de las páginas. En todo caso, Goethe convirtió a Schelling en un adepto de su propio enfoque, mientras que Schiller permaneció sorprendentemente silencioso. El alma del mundo y la teoría de la metamorfosis se acercan pieza por pieza. Un pequeño triunfo, aunque Schelling sabe que Goethe desconfía de la filosofía, sobre todo del idealismo que predomina en Jena. Mientras tanto, también Schiller ha producido algo excelente. Su nueva obra se titula *María Estuardo,* una tragedia en cinco actos. Como ya antes en el drama de *Wallenstein,* se trata de una densa materia histórica. Ha terminado ya el primer acto, pronto seguirá el segundo. El *Musen-Almanach* absorbe todo el tiempo de Schiller. Un poco de distracción con las cartas le va como anillo al dedo.

Cuando Schiller y Niethammer se levantan de la mesa de juego, excepcionalmente Schelling está de buen humor. Se ha llevado también la última ronda. Nada se debe a la casualidad cuando se tiene suficiente imaginación para anticipar los posibles cursos de la partida y para jugar sus bazas en el momento oportuno.

El 3 de diciembre de 1799 Schiller abandona Jena con su familia. Se trata de una despedida para siempre. Más allá de breves visitas, no se imagina volver a su anterior lugar de trabajo. Ha sellado su alianza con Goethe, Weimar y el duque.

Ningún lugar podrá volver a ser lo que Jena y su entorno fueron para él. Ha anudado los hilos de manera demasiado estrecha desde que hace más de doce años llegara a la pequeña ciudad universitaria. Un año después tuvo lugar la lección inaugural, el desfile al auditorio Griesbach, el júbilo. El título de la

Alberto Durero, *Némesis o la gran fortuna*, 1501-1502.

lección sonaba como un poema: «¿Qué significa y con qué fin se estudia la historia universal?». Recuerda bien el momento en que entró en la sala. Se habían desplazado a ese lugar, muy cerca del castillo de la ciudad, desde el final de la Johannisgasse, una vez que había quedado claro que el auditorio de su predecesor Reinhold era demasiado pequeño.

Desde la ventana había visto cómo se desplazaban los grupos calle abajo, sin que aquella procesión tuviera fin. Por suerte, había un cuñado de Griesbach entre los oyentes. Propusieron cambiar de auditorio y comenzó el espectáculo. Todos se precipitaron por la Johannisgasse hacia abajo; una de las calles más largas de Jena estaba repleta por completo de estudiantes. Estos corrían tanto como las piernas les permitían para conseguir un buen sitio. La ciudad entera estaba alterada.

Al poco tiempo Schiller, acompañado por Reinhold, siguió al torrente de estudiantes y entró en el patio interior del edificio. Multitud, ajetreo, empujones. Tanto las repisas como el vestíbulo y el pasillo hasta la puerta de la casa estaban ocupados. Eso era también un asalto, un asalto a la «Salana».

Schiller habló sobre el problema de la historia, sobre su propio presente histórico, que, tejido desde los hilos del pasado, apunta a un futuro abierto, que todavía ha de configurarse. Se ha terminado el juego sin sentido de destino, némesis, fortuna. La historia se hace, consciente o inconscientemente. No hay ninguna providencia que establezca si la especie humana progresa o retrocede. Ya Giambattista Vico, en sus *Principios de una ciencia nueva*, había expresado esta idea a comienzos de siglo. Nada dura eternamente. La verdad, y con ella la historia, se fabrica.

A semejanza del asalto a la Bastilla, las palabras de Schiller dejaron huellas imborrables en los presentes, que con él veían alborear una nueva época. Tampoco la metafísica de la escuela antigua entendía lo que le estaba sucediendo y al final solo le quedó la capitulación. En la obra de Schiller el tiempo nuevo recibe por primera vez la conciencia de sí como un presente que se entiende desde el todo del pasado, pero de tal manera que su horizonte permanece abierto; sobre el futuro nada está decidido.

En la buhardilla donde trabaja, deja vagar por última vez su mirada a lo largo del paisaje. Últimamente ha pasado algunas tardes en la azotea. Se retiraba allí para poder trabajar sin que lo molestaran. Schiller hizo decorar el techo con una vista del cielo, con ramas y pájaros. Era su belvedere.

Tiene en la mano su caja de rapé, cuya tapa está decorada en el centro con un disco nacarado, adornado a su vez con un anillo dorado. Es un regalo de su padre. Las manzanas descompuestas que olfateaba siempre cuando estaba enfurecido se quedarán en el cajón del escritorio donde escribe de pie.

Enfado con los evangelistas
Novalis y la religión del futuro

Hay una vida social de verano y otra de invierno. Por la tarde se reúnen Fritz y Wilhelm, Dorothea y Caroline en torno a la estufa del salón. El segundo sofá, más pequeño, regalo del editor Frommann, se halla enfrente.

Tieck se acerca a la estufa de cerámica. Varios ataques de reumatismo le han hecho la vida difícil. El calor le sienta bien. Fritz, en su silla, es el que más alejado está de la estufa, y se sopla aire caliente una y otra vez en las manos antes de frotarlas con rapidez.

Ha sido un invierno extraordinariamente severo. No solo falta dinero para la leña y otras cosas, sino también confianza. Fritz ha tomado partido por Wilhelm en el asunto entre Caroline y su marido. Su desencanto es profundo: durante mucho tiempo se mantuvo discreto, pero llegó un momento en que ya no podía dominarse más; al fin y al cabo, se trata de la vida de su hermano. También Dorothea se siente burlada; le da rabia que se haya dejado cegar por Caroline, la diestra anfitriona, a mediodía y por las noches, que lo haya tolerado sin decir una palabra. La gratitud por la amistosa acogida en la casa era simplemente demasiado grande.

Wilhelm, entretanto, intenta suavizar la situación para que los frentes no se endurezcan; nada ha cambiado en su amor a pesar de lo que haya sucedido entre Caroline y él. Sabe que ella no lo ama y que en el fondo nunca lo ha amado, ni siquiera entonces, cuando la ayudó a salir de la miseria, después de la situación vivida en Maguncia; incluso le había proporcionado veneno durante su estancia en prisión, para que en caso de necesidad pudiera poner fin a su vida y a la de su hija. Sabe también que hace el ridículo ante los otros, que la costumbre y la debilidad lo atan a Caroline, y, sin embargo, se deja acariciar, lisonjear y mandar por ella. Pero ni una sola explicación, ninguna válvula de escape.

Quizás Fritz se escandalice por el romance más que Wilhelm, que es el verdadero afectado, también porque Schelling siempre fue para él una espina en el ojo. ¿O se debe a que si su hermano no se hubiese casado con Caroline, tal vez lo habría intentado él? ¿Habría sido todo entonces de otra manera? Ni siquiera él lo sabe.

Hoy el salón está frío. Han racionado la leña. Cuando echan el último tizón en la estufa, la llama prende.

Desde el último año en Dresde, cuando anduvieron juntos al resplandor de las antorchas mientras contemplaban la colección de antigüedades, sus encuentros no duraban tanto. Fritz y Dorothea, Wilhelm y Caroline, Novalis y su hermano Karl, Schelling, Tieck y el físico Ritter han anunciado una reunión de varios días. Se proponen leer y discutir nuevos textos sobre religión y galerías de minas, galvanismo y poesía; promete estar animado.

Para que los invitados se encuentren a gusto, Caroline y Dorothea han dado un repaso a fondo a toda la casa. No habían hecho cosa semejante ni siquiera en la representación en Berlín de la traducción de *Hamlet* hecha por Wilhelm.[1] Un lavado masivo de ropa, veinte cortinas, una nueva funda para el sofá... Trabajaron hasta el agotamiento.[2]

Caroline echa de menos a su hija, la preciosa Gustel. ¿Cómo decir aquí «hija»? Se ha convertido en una hermana. Auguste es muy precoz. A los doce años ha aprendido griego y ya lee a Cervantes y a Shakespeare. Es una confidente imprescindible, sin ella Caroline habría perdido la cabeza en Maguncia. Gustel ha viajado a Dessau, donde se quedará varias semanas en compañía de los Tischbein, de sus dos hijas Caroline y Betty, de su hijo Carl y de su madre Sophie, que antes habían estado en su casa en Jena. Fue un tiempo mágico: mucho alboroto, las habitaciones eran un caos, pero sus rostros estaban radiantes. Interpretaron música juntos: Caroline y Betty cantaron arias, dúos y tríos con Auguste. Fueron días libres de toda preocupación. Auguste estará fuera hasta Navidad, pero su corazón siempre se encuentra junto a su madre. Caroline lo lleva como puede.

Cuando llegan Novalis y su hermano Karl el 11 de noviembre, la casa apenas está reconocible: han fregado el salón, las habitaciones están ordenadas, relucientes como el oro, y hay cortinas blancas delante de las ventanas. Acaban de llegar de una boda. Su hermana Caroline se ha casado en Schlöben, cerca de Jena, con Friedrich von Rechenberg; la finca donde se ha celebrado la fiesta pertenece a la familia y se deja en herencia al primogénito de generación en generación. El discurso de la ceremonia, tarea honorífica, lo ha pronunciado Novalis como hermano mayor.

Schlöben es un lugar que remueve los sentimientos de Novalis. Aquí todo le recuerda a Sophie, su prometida. La conoció en el palacio de Grüning, cerca de Tennstedt, donde, después de estudiar derecho en Leipzig, obtuvo su primer empleo. Poco tiempo después, se enamoró perdidamente de ella, y dio a conocer en un anuncio ficticio su casamiento con ella el 25 de marzo de 1798, una semana después de que la novia cumpliera dieciséis años. Para entonces ya no estaba viva. Como lugar del enlace había indicado: «Schlöben». Todo aquí resulta evocador, la fastuosidad, la boda de su hermana, que habría podido ser su propio enlace.

En este estado de ánimo llega Novalis a la Leutragasse, donde ya en julio y septiembre había permanecido algunos días cada vez. En esta ocasión no lleva en el equipaje ningún discurso matrimonial, sino uno sobre el cristianismo, sobre una religión del futuro.

¡Abrid las ventanas! Cuando termina la charla, un tenso susurro recorre la estancia. De algún modo los asistentes esperaban una cosa distinta, algo más. Lo que Novalis ha expuesto suena como un retorno a días muy lejanos, a una época superada desde hace tiempo. Tras los años de las guerras de religión, por fin se buscaba de nuevo un orden estable de paz. Solo la religión puede despertar a Europa, y no una religión cualquiera, sino un cristianismo que esté por encima de la disidencia devastadora entre protestantismo y catolicismo. La historia, que se encuentra en ruinas, debe consumarse en una época «en verdad católica».

Novalis es un visionario, un profeta que intenta hacer posible lo imposible, representar lo absoluto, inyectar una unidad futura en el presente mediante la fuerza del discurso. Y hablar significa para él predicar, entonar expansivamente. La historia entera es un único evangelio, y él es el que lo proclama.

Los discursos de Schleiermacher sobre la religión fueron un estímulo para Novalis. Fritz le había hablado de su libro con entusiasmo, y lo leyó a mediados de septiembre. Novalis terminó la lectura del texto justo el día en que Napoleón derribaba el Directorio mediante un golpe de Estado y se erigía en cónsul vitalicio, en único soberano de la primera República francesa. Aquello era un signo histórico: aquí se presenta al mundo el espíritu de un cristianismo nuevo, allí se disuelve la Revolución francesa en manos de un usurpador. Libertad frente a despotismo. Para Novalis no hay ninguna duda: surge una nueva religión y con ella una nueva era.

Schelling considera que el discurso es un retroceso masivo. Él reconoce de nuevo lo que hace años dejó atrás en Tubinga: la superstición antigua, la tradicional doctrina de la inmediatez con inclusión de todos los dogmas posibles, de los que, al menor descuido, aparece Dios como un ser personal, individual, que se sienta en su trono en el cielo. A Schelling casi le da un ataque mientras Novalis pronuncia su discurso. ¿No dejó claro Kant de una vez por todas que Dios no puede demostrarse ni refutarse y, por tanto, solo puede ser un ideal, un concepto límite para la razón? Novalis no ha presentado ningún diagnóstico en el umbral de un tiempo nuevo, sino que ha huido cobardemente al pasado.

También Tieck, que por lo demás se entiende de maravilla con Novalis, considera que su aportación es inmadura; a su juicio, la parte histórica es débil y las conclusiones son arbitrarias. Novalis se sumerge profundamente en el mundo de la Edad Media para mirar desde allí a través del presente hacia un futuro que deja atrás la escisión de la Reforma y el desgarro producido por la Revolución en Francia, hacia un mundo en el que hay solo *una* cristiandad, *un* gran interés común, *una* cabeza. El ojo histórico ve ahí incorporados de nuevo en un gran curso de la historia los tiempos y demonios pasados, la represión eclesiástica de las ciencias. Novalis se atornilla directamente a una época dorada. ¿Cómo es posible en estos tiempos de revolución estatal limitarse a saltar por encima de las rupturas y anunciar la llegada de un nuevo Mesías, que lleva a los hombres a un redil de ovejas y arroja un velo sobre la naturaleza con un gesto «lindamente cristiano»?

Es más que suficiente. En el encuentro, Schelling escribirá un poema como respuesta a la aportación de Novalis. Se dirigirá contra Novalis así como contra Schleiermacher. Y será una especie de parodia, con el título *Profesión de fe epicúrea de Heinz Widerporst,* emulando la figura de igual nombre en una poesía gnómica de Hans Sachs, maestro cantor de Núremberg. La figura es una personificación de los vicios de inconsecuencia y testarudez.

El Widerporst de Schelling defiende una imagen naturalista del mundo, que es tanto más excesiva cuanto más ha derivado Novalis justo en la dirección contraria, hacia la fe en una instancia supraterrestre. La obra será vigorosa y popular. Widerporst sacará a escena la sensibilidad desnuda, aunque no coincidirá incondicionalmente con Epicuro. Lo cierto es que Schelling no pretende ir por esos derroteros, al menos no de forma exclusiva; busca la exageración, la parodia, la polémica.

En correspondencia con el modelo histórico, el poema consta de versos burlescos. Schelling ha aprendido de Goethe esta modalidad. En sus conversaciones sobre filosofía de la naturaleza, Goethe comentó que había reanudado su *Fausto,* y que es posible servirse de los rigurosos versos burlescos de Hans Sachs con intención paródica precisamente para representar una abierta aceptación de la sensibilidad cercana a la vida, la cual consiste en la satisfacción de las necesidades naturales del cuerpo: sed, hambre, sexualidad. Y como la burla equivale a veces a un estacazo, la única regla consiste en que dos versos seguidos han de rimar. Por lo demás, el poeta se mofará y apalizará a sus anchas: «Aquello por lo que la naturaleza se rejuvenece y crea de nuevo es *una* fuerza, tan solo *una* pulsación, *una* vida, *un* juego de contención y aspiración alternativa».

Los contertulios pasan el resto de la tarde en el río. El tiempo es agradable, ha crecido el Saale. Hay que tomar el aire.

Soberanos sin reino
La familia de los magníficos desterrados

Las manos enlazadas detrás de la espalda, el tronco inclinado hacia delante, desplazando el peso del cuerpo de una pierna a la otra, cambio de ritmo. El movimiento viene de las caderas.

Cuesta creer que Goethe se mezcle con los patinadores que, desde la salida hasta la puesta del sol, se deslizan por el Saale. Se lo ve en actitud grave, con su largo sobretodo, su sombrero de tres picos y su trenza tiesa. Es digno de observar cómo el consejero privado se abre paso con su pesada figura a través de la multitud de gorras de lana, cómo pasa con toda precisión por entre las palas de madera que se mueven a ras del hielo listas para interceptar el disco en cualquier momento.

Aquí en Jena puede permitirse tales entretenimientos. Ha prosperado el plan que a principios de año lo trajo desde Weimar. La cercanía de Schiller y de Wilhelm le ha dado nuevos impulsos, el *Fausto* avanza, así como la traducción de *Mahomet* que el duque espera. Carlos Augusto quiere ver puesta en escena la obra de Voltaire; la literatura mundial ha de contribuir a conseguir un nuevo momento estelar en el teatro de Weimar. La tarea no es fácil. Goethe, a diferencia de Voltaire, no cree que este fundador de una religión sea un fanático, un embaucador; más bien, ve en él a un genio creativo. Esta traducción le resulta tan difícil como cruzar un abismo sobre una cuerda.

Goethe sería mucho más productivo si no lo asediaran constantemente. También aquí en Jena todo el mundo espera

Friedrich Preller, *Viaje sobre hielo en las praderas del Schwansee* (detalle).

su consejo sobre este o aquel asunto. Como satélites solitarios se mueven los poetas y los sabios en torno a él, su estrella fija, su sol. En medio de todo, él mismo puede llegar a marearse. Y la cosa se pone tanto peor cuando toda una bandada de poetas acude a él, como el mes pasado, cuando no pudo eludir al grupo entero, sobre todo a la hija de Moses Mendelssohn, que ha llegado a la ciudad hace algunas semanas. En su diario ha preferido no mencionar el encuentro. En cambio escribe: «Sobre mediodía a pasear. El tiempo ha sido de nuevo muy bueno».

Y ahora deben decidir si dos textos sobre los que han discutido intensamente —un discurso acerca de la resquebrajada unidad de Europa y el futuro del cristianismo, de Novalis, y la correspondiente parodia escrita por Schelling— han de publicarse en el *Athenaeum,* incluso uno al lado del otro. En cualquier caso, es lo que había propuesto el hermano de Wilhelm, pues la controversia pertenece al pensamiento, y la contradicción es el motor de toda vida. Sin duda la esposa de Veit estaba estrictamente en contra. Wilhelm quiere publicar el poema sin anotaciones, a lo cual Schelling se resiste por completo. Tieck no participa en la discusión; por lo general se muestra independiente, a diferencia del resto del grupo.

Y como no llegan a ningún acuerdo, él, Goethe, ha de hacer de juez. Siempre, cuando la situación se pone candente, se recurre a él como árbitro. *«Vivat Goethe!»,* suena en el entorno. Goethe ya no puede más.

Cuando se acerca la fiesta de Navidad, en la Leutragasse 5 deciden obsequiarse unos a otros con versos. Eso es todo lo que en la situación actual pueden aportar, y, pensándolo bien, es más que suficiente.

De todos modos, Gustel ha regresado de Dessau después de ocho semanas lejos de Jena; era la primera separación larga entre madre e hija. Desde entonces también para ella han cambiado muchas cosas. Ha recibido ya la confirmación, que estaba fijada para la Pascua. Gustel ha progresado además en su formación musical. Lástima que precisamente ahora haya tenido que interrumpir el contacto con la familia del jurista Hufeland, cuando estaba en plena ebullición la disputa en torno a la filosofía de la naturaleza de Schelling en el *Allgemeine Literatur-Zeitung*, donde Hufeland está a cargo de la redacción. Griesette tocaba el piano en su casa, y a veces acompañaba con ese instrumento el canto de Wilhelmine, la esposa de Hufeland. Ya no sirve de nada ni siquiera la simple conversación ligera: modas, bailes, asuntos familiares... Están más aislados que nunca del resto de la sociedad; hay que mirar con todo cuidado qué se dice y a quién.

Solo una cosa sigue igual tras el regreso de Gustel: en la casa todos la quieren, la miman y la malcrían. Nadie puede escapar a su mirada traviesa, a la inaudita gracia de su entendimiento, a su curiosidad infantil, que encierra una prudencia exquisita.

En Nochebuena, Schelling le regala, junto con un breve poema, un fajín verde para la cintura. Casi parece que pretenda cortejar a la muchacha de catorce años. La diferencia de edad entre los dos es casi la misma que entre ella y su madre. Caroline también recibe, junto con sus líneas, un par de pulseras. Son pequeños detalles que, dadas las circunstancias, significan mucho.

La paz con que pueden celebrar la Nochebuena en la Leutragasse se debe también a que Goethe ha resuelto la disputa entre Novalis y Schelling. No hubo que esperar mucho a su juicio, apenas sorprendente pero salomónico. Su dictamen es que no aparezca ninguno de los dos textos en el *Athenaeum*. En Jena ya es suficiente con una «disputa del ateísmo». Goethe tiene demasiado presente el despido de Fichte de aquel verano.

De alguna manera los afectados se sienten aliviados con este veredicto, tendente a la reconciliación. Ya hay bastante hostilidad hacia el *Athenaeum*. Los colaboradores hacen bien ahora en no devorarse entre ellos.

Una vez leídos los poemas y distribuidos los pequeños obsequios, reina el silencio durante unos breves instantes. Ahora pertenecen a la «familia de los magníficos desterrados», tal como Fritz había proclamado cuando Dorothea y él vivían todavía en Berlín. Nada cambia en esto el hecho de que Fichte, al día siguiente de que Schiller abandonara la ciudad en dirección a Weimar, se presentara en Jena tras cinco meses de ausencia. Ha venido solo a vender la casa y a recoger a Johanna y al pequeño Hermann, para llevarlos a Berlín. No obstante, anuncia sus nuevos planes. Quiere fundar una revista, el *Kritische Institut.* Pero las diferencias son demasiado grandes. Mientras que Fichte tiene en mente una organización estructurada por completo, Fritz y Wilhelm solo pueden trabajar impulsiva y fragmentariamente. No tienen nada que objetar contra el *Kritische Institut,*[1] pero a su juico es mejor que Fichte se busque otros colaboradores distintos de ellos. Fritz y Wilhelm se consideran a sí mismos «republicanos», y tienen a Fichte por un pequeño «monarca». Todos son soberanos, soberanos sin reino.[2]

Música; no iría mal ahora un piano. El pasaje de Shakespeare[3] que Tieck ha citado recientemente, cuando estaban sentados junto a la estufa, reza: «Este corazón y mi osado espíritu dominador no amortiguan las dudas y no han de agitar el temor». Fritz y Dorothea apenas han llegado a Jena y la vida comienza ya a oscurecerse.

En el palacio Wittum de Weimar un grupo de aficionados representa en la Nochevieja de 1799 el sainete de ocasión de Kotzebue, *El nuevo siglo,* en presencia de la duquesa madre Ana Amalia. Participa el propio Kotzebue. Como si no fueran suficientes las discusiones que ya han tenido lugar en la corte, la pieza vuelve a tratar todos los argumentos usuales: Wilhelmine, la hija del acaudalado comerciante Werhof, ha prometido hace años al hidalgo Schmalbauch dar respuesta a su propuesta de matrimonio el último día del viejo siglo. A Wilhelmine le agradaría demorar la respuesta durante un año y, en consecuencia, opta por 1801. Pero su padre espera que el padre de Schmalbauch le devuelva un préstamo el primer día del nuevo siglo. En consecuencia, entra en disputa con su hija. Schmalbauch padre, por su parte, vacila: de un lado, desea el pronto matrimonio de su hijo, que le traería suficiente dinero para igualar el trueque; pero, de otro, una adivina le ha profetizado que morirá el último día del siglo XVIII. ¿Qué hacer? A nadie le interesa el asunto. Las grandes fiestas se aplazan al año venidero.

Tercera parte
El infatigable espíritu del mundo

Hortelanos y sabios
Especulaciones sobre el abismo

Fritz no lleva a la cátedra más que una hojita, en la que hay símbolos como +, =, √ y todo tipo de garabatos. Emplea una clase de anotaciones como las que utiliza en sus propios cuadernos, formulaciones apiñadas, ideas que se repiten.

Fritz se apresura a terminar con rapidez y concluye antes de tiempo. En una ocasión, termina su lección con las palabras: «Señores, resumo el resultado de nuestras consideraciones: ¡dedíquense ustedes a la magia!», luego baja de la cátedra impetuosamente, no mira lo que tiene delante y choca con estruendo contra una columna. La magia es de otro tipo.

Las reacciones de los estudiantes están divididas. Muchos se sienten sobrecargados por sus sutilezas, polémicas y paradojas. Puede que en esta cabeza genial fermenten mil ideas, pero la opinión dominante es que su dueño no posee el don de exponerlas con claridad. Están acostumbrados ya a algunas cosas propias de Schelling. Pero lo que Schlegel presenta aquí va demasiado lejos. ¿Qué deben opinar los oyentes sobre la afirmación de que el principio de contradicción no tiene una validez absoluta, es más, de que la filosofía entera se desarrolla en una serie sin fin de contradicciones? A esto se añade la tesis de que, si bien la lógica corresponde a una forma determinada del pensamiento, la fuente de la verdad, la forma auténtica, ha de establecerse en un plano más elevado. Y por eso también el primer problema, el de determinar el carácter de la propia filosofía, no puede resolverse determinándolo *por entero,* pues esto tiene que hacerse mediante una definición y las definiciones están muertas *por definición.* Que entienda esto quien quiera.

Fritz no anda corriendo tras la oferta de un puesto académico, primero quiere tener éxito. A su lección inaugural acudieron a lo sumo ochenta oyentes, no tantos ni de lejos como en el caso de Schiller, Fichte o Schelling. Su estilo es del todo distinto: improvisa. No quiere ni puede preparar manuscritos elaborados con meticulosidad. No recurre a notas poéticas como hace Schiller, no usa proclamas al final de la sesión, a diferencia de Fichte, y menos aún posee la pasión de Schelling; Fritz no tiene algo que merezca llamarse unción. Desde su punto de vista, la filosofía vive de la experimentación, y quien quiera filosofar ha de empezar siempre de nuevo.

A Fritz le cuesta llegar a los estudiantes y encenderlos con el furor que lo impulsa. Cuando lo logra, en la siguiente sesión el auditorio se llena, hasta que se diezman las filas después de cierto tiempo. No consigue salir por completo de su papel de escritor. Tiene que aprender todavía a presentarse como orador académico y maestro, por mucho que él mismo cifre en otra causa su falta de éxito, a saber, en que sus oyentes son simplemente tontos para entender su sublime punto de vista.

Fritz ha anunciado dos materias para el semestre de invierno de 1800/1801: «Filosofía trascendental» como curso privado, y como lección magistral *«De officio philosophi»*, «Sobre el destino del sabio».[1] Los derechos de curso por las lecciones privadas compensan de momento, pero el esfuerzo y el tiempo invertidos apenas guardan relación con la retribución, sobre todo teniendo en cuenta que el título de doctor le ha costado bastante dinero. Dorothea espera que pueda recuperar los gastos a más tardar en la feria de San Miguel. Ojalá Fritz lograra finalmente despachar todo el asunto con algo que no fuera mera ironía.

Entretanto, Fritz se ha enterado de que Schelling está muy enfermo: melancolía, ese dulce veneno. Aún no se han visto a solas, sin Caroline, desde que Schelling regresó de Bad Bocklet.

Schelling no es del todo inocente de que la elección haya recaído en un balneario de la Baja Franconia. Hacía tiempo que quería visitar el hospital de la cercana ciudad de Bamberg, donde los médicos, Adalbert Friedrich Marcus y Andreas Röschlaub, practican con mayor rigor que nadie en Alemania el método del médico escocés John Brown. Este método causa sensación en toda Europa desde hace diez años. La enfermedad, afirma Brown, no es más que una desviación de la norma media de la excitación nerviosa. En un extremo la excitabilidad es demasiado alta y en el otro es demasiado baja. La salud consiste en el equilibrio entre excitación y excitabilidad, impotencia y esfuerzo febril.

En primavera Caroline cae gravemente enferma, y se recupera lentamente. Las recaídas la postran una y otra vez en la cama, en ocasiones su vida corre peligro, ningún método terapéutico da resultado con excepción del de Brown. La ocasión parece propicia para unir dos cosas: Schelling ha prometido a Marcus y Röschlaub que impartirá lecciones privadas en Bamberg sobre su filosofía de la naturaleza, y la universidad ya le ha concedido permiso para hacerlo; por tanto, ¿qué pasaría si Caroline viajara a Bad Bocklet para seguir siendo tratada allí según el método de Brown e hiciera una estancia intermedia en Bamberg? Incluso Christoph Wilhelm Hufeland, un corifeo en el campo de la medicina y, en realidad, un declarado enemigo de la doctrina de Brown, le recomienda a su paciente una estancia en el balneario. Como ninguno de sus intentos terapéuticos ha tenido éxito, Schelling lo convence para probar el método. Había aplicado a Caroline estimulantes pasajeros e incesantes tónicos, vino húngaro, cremas nutritivas, caldos fuertes. El vino, traído directamente de las reservas permanentes de Goethe, es lo que mejor había funcionado. Como si se hubiera producido un milagro, la enferma se había recuperado de pronto.

Hace tiempo que Schelling tiene la intención de abandonar Jena. Desde que Fritz se ha puesto de parte de Wilhelm, la situación se ha hecho insoportable. Sin duda les beneficiaría a todos un poco de distancia y tranquilidad. Incluso le ha preguntado a Fichte si no le gustaría acompañarlo, en lugar de permanecer en Berlín sin perspectivas concretas ni ingresos fijos. En Bamberg o Wurzburgo podrían ganar más si actuaban a la par. Es cierto que la ciudad de Bamberg está desacreditada como un nido profundamente católico, en torno al cual la Ilustración ha pasado de largo. La ciudad no se conoce tanto por sus sabios cuanto por su huerta; pero esto no tiene por qué seguir siendo así. Si todo va bien, incluso podrían trasladarse a Viena un año más tarde. También ha puesto al corriente de sus planes a Caroline.

El 5 de mayo viajan Caroline y Gustel, acompañadas de Wilhelm. Schelling las espera ya en Saalfeld. Él ha partido dos días antes, no debe parecer que han emprendido la fuga juntos. Brilla el sol, como si nunca hubiera habido un invierno tan duro como el último. Con mal tiempo Caroline no habría podido abandonar el lecho, sus piernas están todavía demasiado débiles. Llegados a Saalfeld, Wilhelm deja a madre e hija en manos de su rival sin mediar palabra. Él mismo está ya pensando en la feria del libro de Leipzig.

Schelling le ha pedido a Marcus que les proporcione alojamiento en Bamberg. Para Caroline preferiblemente tres habitaciones, amuebladas con sencillez: una como sala de estar, una para dormir y otra para Gustel, así como un cuartito destinado a la muchacha de servicio, el cual puede ser simplemente un estrecho espacio junto al salón. A él le basta con una estancia bien iluminada y un pequeño dormitorio, si es posible todo en un mismo nivel. Por lo demás, le agradaría tener una casa con jardín u otro tipo de alojamiento similar. Lo más importante es que el lugar sea bonito. Las exigencias de Schelling no son pocas, a pesar de la modestia con que están formuladas. No se plantea la solución transitoria de vivir en un hotel. Casi parece como si quisiera instalarse indefinidamente en Bamberg con Caroline y Auguste.

Fritz tiene éxito sobre todo con la otra lección, con la magistral. Allí intenta trabajar en contra de la tendencia de la época, que procura dividir las artes y las ciencias en materias específicas, para escindir así la gran comunidad de los espíritus, que en verdad une a todos: filósofos, investigadores y artistas. Dondequiera que se mire, se encuentran personas en puntos intermedios y acciones recíprocas, todo está en transición. Cada uno hace su aportación al todo: el filósofo encuentra la idea, el investigador la desarrolla, el artista la representa. Todos ellos trabajan hacia un fin, hacia lo infinito. La raíz de la superstición, de la maldad y de la desdicha está en la limitación, en la locura de lo meramente finito.

En el mes de agosto Fritz obtuvo el doctorado eximiéndose del riguroso examen gracias a sus trabajos sobre literatura antigua. Ahora, tras la última edición del *Athenaeum*, se imagina obteniendo un puesto de profesor titular. Hasta ese momento, siempre que Wilhelm hablaba de esta posibilidad, él no quería saber nada, pues la carrera de un académico pagado por el Estado no es fácilmente compatible con ser un escritor libre. Pero el plan de vivir del fruto de los escritos ha resultado más difícil de lo que esperaba.

Fritz obtiene la licencia de profesor a mediados de octubre, tras una lección de prueba. Diserta sobre el tema «El entusiasmo o la exaltación». Está presente toda la facultad. La tesis que Fritz desarrolla apunta directamente al centro de su pensamiento: la conciencia poética y la filosófica de ningún modo se excluyen entre sí, más bien se compenetran en estados como el entusiasmo, del que trató ya Platón en su *Ion*, donde dice que ese estado posibilita la participación en una necesidad oculta que envuelve los opuestos. La poesía y la filosofía elevan juntos el espíritu humano a un nivel superior, si no el supremo: la poesía en cuanto que llega a sentir la agudeza del concepto, y la filosofía en cuanto que, a través de la elasticidad del lenguaje imaginativo, sale de la estéril finitud de la reflexión. Mientras el espíritu siga retenido por esta, no tiene capacidad de poetizar, lo mismo que no puede pensar mientras sueña despierta de manera meramente exaltada. Por eso, según Platón, los poetas zumban como las abejas productoras de miel en los jardines y bosques de las musas; los poetas son seres ligeros, alados y sagrados, que no son capaces de poetizar hasta que se han entusiasmado y la razón ya no mora en ellos.

Fritz presenta a un Platón completamente diferente, no al pensador sobre el Estado que censura a los poetas porque mienten, ya que, en completa oposición a los filósofos, son meros imitadores y no tienen un conocimiento real de la cosa misma. El Platón de Schlegel conoce el poder de la imaginación y de la poesía en la existencia humana. Platón considera el entusiasmo como un estado de arrobamiento, que logra liberar la mirada para lo esencial, para la simultaneidad dialogística de embriaguez poética y sobriedad filosófica; y Schlegel se apoya inmediatamente en esta concepción. Solo podemos ser empujados o trasladados hacia esos estados; no podemos provocarlos nosotros mismos. Son un soplo, una consagración, una locura; pero lo supremo es el amor.

Schlegel coincide en muchos puntos con su rival Schelling. En el último año este ha publicado su *Sistema del idealismo trascendental*, la exposición más completa de su pensamiento hasta ahora, que también encuentra en el arte su corona final. De igual forma, para Schelling la intuición estética, que él entiende como una actividad inconsciente del espíritu que media en el conflicto entre libertad y mecanismo, es la piedra angular de toda la filosofía. Filosofía trascendental y filosofía de la naturaleza son dos caras de la misma moneda; mientras que la primera va del yo a la naturaleza, la segunda conduce de la naturaleza al yo. En definitiva, mediante el objeto de la intuición estética, es decir, de la obra de arte, el arte supera la oposición entre el yo y la naturaleza, por cuanto pone inmediatamente ante los ojos del sujeto cognoscente la concordancia entre libertad y necesidad de la naturaleza, entre praxis y teoría. En el medio del arte, el espíritu es capaz de conocerse en su unidad y contradicción; el pasado y el futuro se vuelven transparentes para el presente en un momento de producción artística inconsciente. El arte es el único documento y órgano verdadero de la filosofía.[2]

Sin embargo, mientras que Schelling intenta unir en un sistema todas las partes de su filosofía, Schlegel se aferra a que cada sistema ha de tener la capacidad de subvertirse a sí mismo una y otra vez, pues de otro modo se vuelve estereotipado y abstracto, se convierte en un engranaje sin vida. La filosofía debe dar cabida en todo momento al entusiasmo y el escepticismo. Para el espíritu es tan irrenunciable no tener sistema como tener un sistema; hay que unir ambas cosas dialécticamente y al mismo tiempo separarlas entre sí. Entusiasmo y escepticismo son las fuerzas motrices que hacen avanzar a la filosofía de nivel en nivel, de época en época, y la conducen aproximativamente a su consumación. La poesía es para Schlegel más una forma de vida que una forma de conocimiento, una forma de vida que ha de ejercitarse día a día. Sin duda, según él, la vida del espíritu se realiza en el arte, pero, a diferencia de lo que postula Schelling, no encuentra allí su cúspide definitiva. El arte no es la obra de un único sujeto, que en el momento de la intuición estética se erige como símbolo de toda la especie humana, sino que es el trabajo de muchos, es fruto del estar con los otros y contra los otros en la praxis cotidiana.

Pero en sus lecciones magistrales Fritz no se comporta de modo tan exuberante como las abejas de Platón. Hay que mantenerse moderado si se quiere progresar en el mundo académico, tal como Fritz desea. Quiere superar a Schelling.

Las aguas termales de Bocklet tienen una larga historia. En el año 1720 el párroco Johann Georg Schöppner descubrió un manantial mientras paseaba, lo excavó y se encargó de él a sus propias expensas. Desde entonces el agua, rica en minerales, atrae a los pacientes.

Caroline y Auguste primero pasaron un mes entero en Bamberg, porque en el balneario de Bocklet no estaban listos los alojamientos para los clientes. Poco después de su llegada al balneario sucede algo con lo que nadie había contado. Mientras que Caroline se encuentra cada vez mejor, hasta el punto de que parece completamente curada, de pronto Auguste cae enferma. No tiene buena pinta. Se le diagnostica disentería.

Schelling acaba de volver de visitar a sus padres. Su hermano Gottlieb, teniente al servicio del ejército imperial, falleció cerca de Génova apenas cumplidos los veintidós años. Austria intenta expulsar a los franceses de Italia. En Génova lo logran, pero sufren una derrota decisiva diez días después en la batalla de Marengo, más al norte. Antes de que Caroline y Auguste partieran para el balneario de Bocklet, Schelling se dirigió a Schorndorf, un pequeño pueblo no lejos de Stuttgart, para asistir a sus padres en esta situación tan difícil. Se trataba de una visita de condolencia, pues no guardaba una relación estrecha con su hermano.

Cuando Schelling regresa a Bad Bocklet, Caroline está completamente recuperada, pero le impacta encontrar a Auguste enferma en cama. Tiene un aspecto pálido, agotado, febril. En Bamberg habían hecho excursiones junto con Caroline a los jardines franceses, y habían trabado amistad con Röschlaub, Marcus y lo mejor de la sociedad de la ciudad. Gustel estaba llena de energía.

A pesar de su estado, Schelling infunde confianza. Propone seguir el método de Brown, empleando adicionalmente opio. Los médicos del balneario Bocklet están de acuerdo. Lo que ha servido a la madre ayudará también a la hija.

El 1 de octubre, cuando se cumplen exactamente dos años de la fecha en que Schelling abandonó Dresde para iniciar una nueva vida, viaja otra vez a Jena, ahora desde Bamberg, consciente de que nada será como antes. El día anterior había visitado con Caroline el pequeño cementerio del pueblo en el balneario de Bocklet y depositado flores frescas en el sepulcro. Desde allí puede verse todo el estrecho valle, en el que está situado el discreto balneario. El sepulcro es sencillo, y por eso la ornamentación ha de ser tanto más digna.[3]

Schelling está desconcertado ante los sucesos de los últimos meses. Primero la grave enfermedad de Caroline, y ahora la muerte de Auguste. Una naturaleza floreciente como ella, ¿puede morir de esta manera? Le atormentan los reproches que se hace a sí mismo: no haber hecho todo lo posible, no haber afrontado a tiempo el peligro. Precisamente en el lugar en el que han de brotar de la tierra vida y salud, encontró su final la más despreocupada de todas las vidas.

Schelling y Caroline permanecieron en Bamberg hasta el último momento para poner en orden sus asuntos. Vino Wilhelm, llegó Hufeland, y también Gries expresó personalmente sus condolencias. La noticia de la súbita muerte de Auguste corrió como un reguero de pólvora. Todos los que la conocían quedan consternados. El tiempo es demasiado fugaz, ojalá pudieran retenerlo.

De nuevo empieza la espera sin fin en el coche, igual que entonces: en cada kilómetro un pueblo, que parece haber brotado del suelo por pura casualidad. Los caminos rurales se encuentran en un estado desolador. Hay baches y lodazales, es necesario hacer maniobras muy peligrosas, el carruaje de correos ni siquiera alcanza la velocidad de un peatón, no recorre más de cuarenta kilómetros al día. Y de nuevo está a su lado Gries, con el que trabó amistad entonces, cuando todo parecía tan libre de toda preocupación. Intentan leer, callan. Están cansados y, sin embargo, no pueden dormir. El tiempo se funde en un conglomerado indefinible, en una pequeña y sorda eternidad: el traqueteo de las ruedas, el ritmo de los cascos.

Schelling ha decidido enterrar de momento sus planes de ir a Viena. Ahora lo necesitan en Jena. Fritz, que hasta ahora había sobresalido sobre todo en el campo de la teoría literaria, ha anunciado para el semestre de invierno lecciones sobre filosofía trascendental. Eso es una afrenta. La filosofía trascendental es claramente el campo de Schelling. No puede permitir que ahora este diletante, con su pasión sin fin, destruya el sólido fundamento que ha construido junto con Fichte. A Schelling siempre le ha resultado repelente la «ironía en la familia Schlegel». La filosofía no puede terminar en ironía, debe ordenarse según un sistema. La libertad y la necesidad están engarzadas, y la filosofía ha de demostrarlo; en analogía con la matemática, tiene que proceder de forma constructiva.

Nada queda del entusiasmo, de la sensación de acercarse a un punto de partida, que lo invadía entonces, cuando Gries y él, después de un fatigoso viaje a través de un clima intempestivo y de los caminos reblandecidos, llegaron finalmente a Jena. Salieron del coche con rapidez, la campana del ayuntamiento sonaba por la plaza del mercado. Dio doce campanadas. Schelling no pudo por menos de mirar hacia arriba, hacia la torre, donde con cada tañido una figura singular abría la boca bruscamente y atrapaba una bola dorada que le ofrecía un peregrino con una varita. Al mismo tiempo un ángel hacía sonar una campanita en la otra parte. Así terminaba el espectáculo.

Ya en las primeras horas de su estancia recorrió con rapidez la ciudad. Quería verse con Schiller. A su alrededor se percibía el ruido del rodar de ruedas, de animales que gruñían y graznaban. Cuando por fin encontró a Schiller allí donde ellos se habían visto con Goethe por última vez y se habían despedido con un «hasta pronto», en su casita, directamente en el Leutra, daba por lograda la bienvenida. Súbitamente pasaron al suabo, con amenidad y amplitud: investigación de la naturaleza, teoría de Goethe sobre los colores. La tarde incipiente se extendía frente a ellos, la revolución podía empezar.

Ahora le parece como un sueño. Cuando se perfila ante ellos Saalfeld entre un paisaje con densos bosques, apenas puede creer que aún queden regiones tan idílicas. A Schelling se le ha perdido algo en Bamberg, algo que le era muy querido. Si no presta atención, le arrebatarán también el resto. Tiene que defender su puesto en la cátedra.

Tiempos pesados como el plomo
Schelling ante la decisión

Caroline se siente agotada y enferma. Desde Bamberg ha viajado con Wilhelm directamente a Brunswick para ver a Louise, su hermana. Quieren pasar aquí el invierno. Se propone distanciarse un poco. La muerte de Auguste la ha perturbado. Ha perdido a su hija, su tesoro, su todo, la vida de su vida. Y ella tiene que continuar esta existencia mientras le plazca al cielo. Lo que ahora desea es tranquilidad.

Está al corriente del estado de ánimo de Schelling. En sus cartas no habla de otra cosa que de una melancolía abismal. Su dolor no se acerca al de ella, ni por asomo. Pero, a diferencia de él, ha despertado del letargo, de este cansancio plomizo. En su condición de madre sabe que Auguste está a su lado igual que antes, la ve ante ella cuando cierra los ojos, saltando por la habitación con sus vestidos vaporosos y sus cabellos trenzados. En ningún momento se aleja de ella su amada niña mientras la tiene en sus pensamientos. Schelling, en cambio, abandonado por todos, se hunde cada vez más en el remolino de tristeza divina.[1]

Son tiempos de privación en los que Caroline de pronto tiene que preocuparse por Schelling más de lo que puede preocuparse por sí misma; las cosas serían distintas si este pudiera cuidar de ella, la madre que acaba de perder a su hija. Él necesita a alguien que lo anime, a alguien que le pueda insuflar confianza de nuevo.

En esta situación Goethe se convierte en la última esperanza de Caroline. Piensa que nadie más que él puede salvar ahora a Schelling. Bastaría una buena palabra, un gesto del consejero privado; no hace falta más que una simple muestra de interés.

Caroline sabe que aquel otoño Goethe ha puesto gran empeño en estudiar el *Sistema del idealismo trascendental* de Schelling. Lo ha estudiado frase a frase. En coloquios cotidianos con Niethammer, se ha introducido en el mundo del pensamiento de Schelling durante un mes entero y ha descifrado los enigmas principales.

Caroline le ruega a Goethe que saque a Schelling de su descorazonadora soledad. Se lo suplica formalmente. Le dice que si él tiene todavía alguna esperanza puesta en Schelling, si aún lo aprecia y si valora lo que ha hecho hasta ahora en el campo de la filosofía, comprenderá su insistencia.

La *Allgemeine Literatur-Zeitung* echa cada día leña al fuego para caldear los ánimos. La revista, fundada en 1785 por Friedrich Justin Bertuch, gran comerciante de Weimar, y editada por Christian Gottfried Schütz, experto en ciencias de la antigüedad, por el jurista Hufeland y por el poeta Christoph Martin Wieland, se ha consolidado rápidamente como uno de los órganos principales de recensiones en Alemania; en un mes el número de suscriptores ha superado el millar. En la redacción todos se sienten vinculados a la filosofía kantiana. Algunos incluso afirman que, sin su apoyo, la *Crítica de la razón pura* de ese filósofo sería papel mojado.

La revista tiene poder, y ahora lo utiliza contra Schelling. La muerte de Auguste le brinda la ocasión de abrir un debate fundamental sobre el método de Brown y los principios de la filosofía de la naturaleza, que para los directores de la revista es un oscurantismo refinado y, por eso, tanto más peligroso: puro fanatismo. Una cosa es obtener una promoción en la universidad, disputar sobre tesis, y otra muy distinta matar realmente a alguien con la intención de curarlo de manera idealista.

El caso médico de «Auguste Böhmer» se convierte en un asunto público. Por una parte están los defensores de una filosofía especulativa de la naturaleza, y por otra se hallan los defensores de una ciencia natural metódicamente segura de orientación kantiana. A través de este conflicto, que lleva cociéndose mucho tiempo, la muerte de la muchacha se convierte en un asunto secundario.

También reviven las disputas del otoño anterior. El objetivo entonces era criticar la propuesta de Schelling de profundizar en la filosofía trascendental hasta hacerla desembocar en una filosofía de la naturaleza. Aparecieron dos reseñas anónimas en la *Allgemeine Literatur-Zeitung*, escritas por un físico y por un filósofo. Ninguna de las dos había dejado títere con cabeza en las *Ideas para una filosofía de la naturaleza.* Cuando Schelling intenta lanzar una tercera reseña clarificadora por parte de Steffens, su propuesta rebota en las cabezas de hormigón[2] de los señores editores.

En el tenor de la crítica nada ha cambiado, a saber: aunque el método de la filosofía de la naturaleza sea original bajo este u otro aspecto, de ningún modo es sólido, es decir, científico.

Los reproches consumen a Schelling. No le crean inseguridad, sino al contrario: lo reafirman en su convencimiento de que una nueva ciencia, esbozada para un nuevo siglo, no se tambalea por esos artículos escolares que ofrece la revista. Pero se necesita fuerza, muchísima fuerza, para defenderse de los ataques constantes, para luchar con todos los medios del periodismo. Esa fuerza le falta en ciertas horas de la tarde, cuando reina un silencio sepulcral a su alrededor.

Sus antiguos compañeros se han desligado de él, no puede esperar de ellos ninguna ayuda. La ruptura con Fichte está sellada, este le sigue tomando a mal el asunto del *Kritische Institut.* Mientras tanto Fritz y Dorothea se han buscado su propia vivienda.[3] También ellos le hacen recriminaciones, en el sentido de que tiene parte de culpa en la muerte de Auguste. Schelling a su regreso ha encontrado abandonada la casa de la Leutragasse 5. Donde antes vivían y discutían juntos reina un silencio indescifrable. De todos ellos, Wilhelm es el que le cubre las espaldas y lo defiende donde puede. No se deja llevar a la posición del marido celoso, despojado de su hijastra.

Schelling está hundido en la crisis hasta el cuello, le acecha la depresión. Entonces, en medio de esa turbación extrema, le llega una carta de Weimar. El consejero privado le invita a pasar en Weimar unos días, entre finales y principios de año. Allí encontraría un círculo de amigos. Y sin que Schelling pueda casi creerlo, Hegel, su antiguo amigo en la época de estudiante, ha anunciado su llegada. Le llega un respaldo en tiempos pesados como el plomo.

En Weimar se produce el cambio de siglo. En Frauenplan se reúnen Goethe, Schelling y Schiller. De qué manera tan poco espectacular tienen lugar las grandes rupturas. Ni siquiera los corchos estallan con estrépito.

Debería haber sido una gran fiesta; Schiller se lo había propuesto al duque. Estaba prevista una especie de carnaval romano: máscaras en las calles y plazas, una fiesta popular con barracas de feria en la Esplanade, y además una singular noche de fiesta en el teatro, con degustación en el patio, mientras se representaban en el escenario pasajes del repertorio habitual. August Wilhelm Iffland, el actor más sobresaliente de Alemania, tenía que venir a Weimar, así como el vitoreado Ferdinand Fleck, que en el teatro de la corte había asumido el papel de Wallenstein, y a esto se añadían por lo menos doscientos invitados. Una nueva época espera su comienzo: bravo, bravo, bravo.

Los planes tuvieron amplia repercusión, pero el duque los aniquiló. Alegaba que la situación política era demasiado tensa, que la sociedad estaba demasiado dividida para semejante fiesta, sobre todo si se celebraba en honor de un nuevo siglo, acerca del cual no se sabía qué se podía esperar de él. En cualquier caso, las perspectivas no son de color de rosa: Carlos Augusto teme disturbios, también en Weimar. Hace poco tiempo ha habido un duelo por una tontería, por un baile con una mujer en la corte.[4] Así de explosivos son los tiempos. Uno de los participantes en el duelo, un poeta y, por cierto, nada malo, ha sufrido profundos cortes en la pierna y ha estado a punto de desangrarse a causa de las heridas en la pantorrilla. Cómo la espada pudo llegar ahí es algo que tendría que explicar un maestro de esgrima. Además, sigue latente el conflicto entre Kotzebue y sus adeptos, por una parte, y el círculo en torno a los Schlegel, por otra, del cual podría brotar con facilidad un escándalo. Eso por no hablar del derroche económico. Voigt, consejero del gobierno, que se preguntaba cómo sería posible hospedar a doscientos invitados con los escasos medios del Estado, respira aliviado. En tiempos turbulentos una fiesta tranquila y seria está mucho más indicada que una fiesta ruidosa.

Incluso cuando el 26 de diciembre tiene lugar un baile de máscaras[5] en la antigua Casse, en la parte reconstruida del ayuntamiento en el mercado, no llega a despertarse un ambiente festivo. Tras el ruego de Caroline a Goethe para que acogiera a Schelling durante los días entre Navidad y Año Nuevo, este viajó a Weimar junto con Steffens. También Schiller se halla presente. Goethe, achispado por el champán, habla despreocupadamente y con un punto de loca alegría, mientras que Schiller se pone cada vez más serio y se desata en monólogos sobre cuestiones de estética. Goethe intenta confundirlo, no cesa de soltar pullas. Steffens permanece llamativamente sobrio. Schelling observa lo que acontece sentado en un rincón y brinda a media voz por el consejero privado.

Por la noche, cuando Steffens se despide para ir a Jena, se le une Hufeland. El médico necesita algún tiempo para orientarse en el espacio, solo puede ver con el ojo izquierdo. ¡Cómo podría olvidar el desdichado suceso! En una jornada fría y húmeda tuvo que desplazarse en un coche descubierto para visitar a un enfermo, en total tres horas de viaje; volvió empapado y congelado. En la mesa tenía un ejemplar de *Hermann y Dorothea* de Goethe; Hufeland tomó el libro, ávido de leerlo, y se lo acabó de un tirón, con un gran esfuerzo, quedándose hasta medianoche a la luz de la candela. Cuando despertó al día siguiente, su ojo derecho estaba ciego, no veía más que nubes oscuras, grisáceas. Ni él como médico podía explicárselo. Hufeland tuvo que moderarse e interrumpir sus estudios de patología. Pero no perdió por eso la seguridad en sí mismo, y pronto reemprendió el trabajo. Durante mucho tiempo, por amor al duque y a la Universidad de Jena, siempre había respondido negativamente al insistente cortejo del zar ruso; pero ahora lo reclaman de Berlín para el puesto de médico de cabecera del rey de Prusia y director de la Charité.

Hufeland se da clara cuenta de que durante los últimos años el tono en Jena se ha agravado: la Revolución francesa, el jacobinismo que crece por todas partes, la *Marsellesa,* que se canta por doquier. Entre los monarcas y los nobles del país se extiende la desconfianza. Eso vale también para el duque de Weimar, que desde que Fichte tuvo que abandonar la universidad ya no se deja ver con tanta frecuencia en Jena. Carlos Augusto no ha vuelto a hablar del hospital que le había prometido a Hufeland cuando lo invitó a venir, y que cada día se hace más urgente. Hay malestar también en la universidad, que no prevé nada bueno para el futuro, y el caso de Fichte es muy elocuente.

En Prusia, con Federico Guillermo II se sienta en el trono un rey que no teme las reformas de política interna, y, puesto que en Jena las perspectivas son turbias, en esta ocasión Hufeland no quiere dejar escapar la oportunidad: un gran hospital y una vida menos restringida en la sociedad liberal de una gran ciudad.

A Schelling le parece una especie de traición que alguien como Hufeland, una institución en Jena y Weimar, se vaya precisamente a Berlín; primero partió Fichte y ahora se va él. Quién sabe, quizás asuma pronto su sucesión Röschlaub de Bamberg. De lo contrario, quedarán diezmadas las filas y disminuirá el número de estudiantes.

Goethe, Schelling y Schiller no aguantan mucho tiempo en Nochevieja. Poco después de medianoche se disuelve el pequeño grupo. Schiller no tiene lejos la Windischengasse, y Schelling se quedará en casa de Goethe. Para el concierto de Año Nuevo está programada la *Creación* de Haydn.

En Brunswick se celebra una gran fiesta en esta Nochevieja especial. Sin embargo, Caroline y Wilhelm han decidido quedarse en casa. Ellos no tienen ganas de tanta festividad y alborozo. Louise desaparece un rato para asistir a un baile, pero regresa a las diez para ver cómo le va a su hermana.

La muerte de Auguste ha acercado de nuevo a Caroline y Wilhelm. De todos modos, no desaparecen los desencuentros de los últimos años. Wilhelm nota que Caroline está por completo entregada a Schelling, que piensa constantemente en él. Todos los días, mientras aguarda el correo, cuenta los minutos hasta que este llega.

En Navidad, Caroline le ha enviado un abrigo inglés, aunque el presente no estaba pensado como regalo navideño. Lo importante era que calentara, aunque las primeras veces dejara algunos pelos y hubiera que cepillar el resto de la ropa. La prenda es sobre todo cómoda, los brazos quedan libres para abrazar a una amiga íntima. Ella ha recibido de Schelling un anillo, en cuya parte interior puede leerse su nombre en grabado fino, seis letras: JOSEPH.

Mientras avanza la Nochevieja, en un determinado momento Wilhelm se adormila en el sofá del cuarto de arriba, no se encuentra bien. Por poco llega dormido al comienzo del nuevo siglo, que después de tantas discusiones está finalmente en la línea de partida.

Pero cuando dan las doce, de pronto se asusta. Caroline, que con su hermana ha preparado un ponche de manzana con licor de canela, sube las escaleras. Las campanadas del reloj siguen llegando desde el salón. Wilhelm le sale al paso, se detienen en la escalera, a media altura, y se miran, pero nada queda ya entre ellos: dos siglos se han vuelto desconocidos el uno para el otro. Fuera, frente a las ventanas, los serenos entonan su canción.

Hegel y los cascanueces

La filosofía no es pienso para estudiantes

Cuando Schelling puede volver a abrazar a su amigo de los días de Tubinga se desata la alegría. Hegel se propone permanecer bastante tiempo en Jena. Ambos, junto con Hölderlin, habían compartido un cuarto en el seminario de Tubinga. Al separarse, se despidieron con grandes palabras. La solución, cifrada en la libertad y en la razón, prometía nada menos que el «reino de Dios» o la «iglesia invisible en la Tierra».

Hay otros nombres famosos vinculados con el seminario: Philipp Nicodemus Frischlin, Johannes Kepler, Friedrich Christoph Oetinger. Hölderlin, Hegel y Schelling se juraron entonces que más tarde sus nombres destacarían entre la lista de los licenciados.

Hölderlin y Hegel, ambos nacidos en 1770, llegan con dieciocho años a la universidad y viven en el seminario. Schelling, nacido en 1775, se une dos años más tarde. Es un muchacho dotado, incluso en grado extraordinario, y goza de una conciencia de sí mismo como un pequeño dios. Sus héroes son Platón, Herder y Kant. Cuando en la escuela de latín en Nürtingen constatan que no pueden enseñarle nada más, nada que él no haya aprendido ya hace tiempo por su cuenta, y cuando también en la escuela conventual en Bebenhausen termina sus clases de latín, Schelling obtiene a la edad de quince años una disposición especial que le permite estudiar en Tubinga.

Los tres se han decidido por la teología como materia de estudio. Están destinados a puestos importantes, a sus padres les gustaría verlos convertidos en párrocos o profesores, pero no en filósofos o poetas. No tardará en apreciarse que estos deseos no se cumplirán.

Hölderlin, Hegel y Schelling observan juntos el ascenso, primero, de la filosofía kantiana y luego de la de Fichte, y lo celebran frenéticamente. Del mismo modo dan la bienvenida al espíritu de la Revolución francesa. Leen periódicos franceses, devoran las noticias que llegan de aquel país. Hegel se interesa sobre todo por la política del día, por los sucesos en Francia, más que por la sofística teológica.

No se preocupan solamente por la libertad política o la libertad de coacción dogmática, la que se establece de golpe. Entienden la libertad en un sentido mucho más amplio, como un proceso sin fin de liberación de la especie humana en cuanto tal, como un constante desafío a las limitaciones y fronteras existentes, incluyendo las propias. Se nota un sentimiento de progreso: si con Kant salió el sol, con Fichte irradia de manera tan clara que pronto se disiparán las nieblas del pantano. Esta profunda esperanza, que comparten los tres compañeros de habitación, los mantiene a flote mientras soportan la dura cotidianidad del seminario.

La Universidad de Tubinga, una de las más antiguas de Europa, es un lugar de formación para el ministerio docente y el clerical. Por lo demás, en el ducado de Wittenberg existe también la llamada Karlsschule en la ciudad residencial de Stuttgart. Normalmente a esa escuela asisten estudiantes de medicina y de derecho.

La ciudad de Tubinga, comparada con Stuttgart, produce el efecto de estar fuera del tiempo. Las calles son estrechas, sinuosas, están mal acondicionadas y apenas iluminadas por la noche. En muchas callejuelas el estiércol se amontona delante de las casas, algo que resulta insoportable en una ciudad residencial que se considera la segunda en importancia y que tiene una universidad famosa y un tribunal superior de justicia. El contraste se nota aún más por el hecho de que Tubinga está situada en una región preciosa, bañada por el Neckar, rodeada de praderas, viñedos y huertos. Al sudoeste de la ciudad, en el margen de los montes Suabos, se eleva el castillo de los Hohenzollern, la sede primitiva de los reyes de Prusia, si bien está ocupado por tropas francesas desde la guerra de sucesión de Austria hace cincuenta años.

La vida en el seminario está totalmente marcada por el pietismo suabo: piadosa, laboriosa, humilde. Sigue vigente el reglamento del seminario de 1752. El curso del día es siempre el mismo: levantarse a las seis, sermones[1] en latín, lectura de salmos, desayuno. Luego siguen tres lecciones, y a las once el almuerzo. Durante las comidas comunes los estudiantes se ejercitan en el arte de predicar durante unos diez minutos, cada uno tiene que hacerlo una vez, y recibe un plus de comida como recompensa. Después hay una salida libre hasta las dos. En la ciudad a los seminaristas se les llama también «los negros», por su vestimenta tan estrictamente controlada y rigurosa: abrigo, alzacuellos y zapatos con hebillas; todo lo demás está prohibido.

Por la tarde misa, lecciones, cursos, y los lunes un examen semanal a través de un repetidor. Después de la cena a las seis, de nuevo una salida libre hasta el toque de ánimas. ¡Ay de aquellos que entonces no estén de vuelta! En las habitaciones hay disputas, tabaco, juegos de cartas. Los fámulos, los vigilantes y los criados espían con disimulo, vigilan sus pasos, intentan descubrir algo prohibido que puedan transmitir a sus señores, a los superiores del seminario, algo en su favor que los haga crecer en méritos.

En este engranaje sin vida irrumpe la filosofía kantiana con una energía que, con el anuncio de querer atacar la superstición enseñada públicamente, promete sobre todo una cosa: libertad. En largas veladas estudian juntos la *Crítica de la razón pura* página por página.[2]

Solo en Hegel el entusiasmo se mantiene dentro de ciertos límites; la doctrina kantiana se le presenta como una árida selección de conceptos. A él se lo conoce en Tubinga por su lentitud suaba, por parecer circunspecto y precoz, por su afición a la cerveza y al vino, y su fascinación por el tarot. En caricaturas de sus compañeros aparece como un anciano, encorvado y andando a paso lento con bastón. Prefiere leer a Jean-Jacques Rousseau que a Kant. De aquel le fascina la idea de un Estado en el que no se expresa simplemente la *volonté de tous,* la suma de todas las voluntades particulares, sino la *volonté générale,* la voluntad conjunta de todos los hombres.

Pero la ortodoxia y el dogmatismo no se dejan convencer con facilidad. En Suabia sigue dominando la Ilustración, en todo caso en la línea de Wolff, es decir, en un sentido estrictamente racionalista. A quien se pronuncia en contra, a quien quiere algo más, no le queda otra salida que abandonar su tierra, tal como hubo de experimentarlo hace un decenio el hijo más importante del país hasta ahora, Friedrich Schiller.

En el ambiente está la voluntad de desobediencia. Un domingo, en una clara mañana de primavera, Hegel y Schelling plantan con algunos amigos un árbol de la libertad en una gran pradera justo a las afueras de la ciudad, exactamente igual que los jacobinos en París. *Vive la liberté!* La cuestión se hace pública, pero el duque en Stuttgart se muestra transigente y se conforma con una reprensión contra el «espíritu de la insubordinación».

Hegel, tras graduarse en 1783, tiene que tomar una decisión. Gotthold Stäudlin, un amigo común de Stuttgart, intenta a través de Schiller proporcionarle el puesto de preceptor en casa de Charlotte von Kalb en Waltershausen, no lejos de Gotha. Al mismo tiempo recibe una oferta de Berna. Hegel se decide por Berna[3] porque le interesa la situación política en Suiza. Hölderlin ocupará en su lugar el puesto en Waltershausen. Le gustaría pertenecer al séquito de Fichte en la cercana ciudad de Jena, formar parte de su lucha.

Hölderlin escribe a menudo a Schelling, que entonces está a punto de realizar su examen de teología y ha publicado ya su primera obra, *Sobre la posibilidad de una forma de la filosofía en general.* El texto incluso despierta la atención de Fichte. Hölderlin a su vez mantiene contacto con Hegel. Pronto comparte una casita a las afueras de la ciudad con su compañero de estudios Isaac von Sinclair y discute tardes enteras con Fichte y Novalis, que asiste también a las lecciones sobre teoría de la ciencia, sobre religión y revelación, y sobre todo lo que le espera a la filosofía, que no ha llegado ni de lejos a su final.

En mayo de 1795, Hölderlin abandona precipitadamente la ciudad porque cree haber decepcionado a Schiller, que junto con Fichte es su gran modelo. No quiere hablar con nadie sobre lo que ha sucedido, su vergüenza es demasiado grande.[4]

Hölderlin va a Frankfurt, donde pronto se reúne con Hegel, que también se ha interesado por un puesto de preceptor doméstico en esa ciudad. Schelling entretanto ha ido a parar a casa de la familia Riedsel como preceptor, primero en Stuttgart, luego en Leipzig, y publica un escrito detrás de otro antes de que, con el apoyo de Goethe, haga un vigoroso arranque en Jena. El hecho de que precisamente aquí se encuentre de nuevo con su antiguo amigo Hegel le despierta los recuerdos de cómo se siente uno cuando se alía con otros contra el resto del mundo.

El programa que Hölderlin, Hegel y Schelling se han propuesto en Tubinga es radical. Están convencidos de que la revolución de la manera de pensar proclamada por Kant debe consumarse mediante una segunda, orientada al mundo y a la vida, de que ha de producirse un giro que se salga de un presente escindido en sí mismo. El propio Kant había hablado de su filosofía como una revolución, porque introduce en el campo de la metafísica lo que ya pertenece desde hace mucho tiempo al modelo científico por la revolución de la manera de pensar en el campo de la física. Lo mismo que en la física ha sido necesario comprender que la razón solo entiende lo que ella misma produce según su propio esbozo, en el campo de la metafísica hay que ver ahora que nosotros solo podemos comprender acerca de las cosas lo que ponemos en ellas. Debemos entender que los objetos se rigen por nuestro conocimiento, y no a la inversa, que no podemos experimentar nada sobre las cosas en sí. Ese es el pensamiento fundamental de la época con el que Kant ha traído luz a la metafísica, que hasta ahora andaba a tientas en la oscuridad de las meras especulaciones.

Kant dio una nueva significación a la palabra *ciencia.* Según él, hay principios universales y necesarios que subyacen a priori en todo conocimiento, es decir, que están en el fondo de todo conocimiento antes de cualquier experiencia. Del lado del entendimiento están las doce categorías, entre ellas también el principio de causalidad, que antes Hume había relegado al ámbito de la costumbre; y, del lado de los sentidos, se encuen-

Ilustración de Jean-Jacques Rousseau, *Discurso sobre el origen y los fundamentos de la desigualdad entre los hombres,* grabado al cobre de Nicolas de Launay según Jean-Michel Moreau, 1778.

tran las dos formas de percepción, el espacio y el tiempo. Con eso Kant demostró, contradiciendo a Hume, que es posible un conocimiento objetivamente válido. Pero en Tubinga no se conforman con una simple reforma de la ciencia, tal como Kant la impulsó. La revolución de Kant gesta dentro de sí misma la contrarrevolución, con el punto decisivo de que esta se entiende como continuación de la revolución.

El problema que Hölderlin, Hegel y Schelling creen encontrar en Kant, y que en adelante, bajo el lema de premisas y resultados, hará escuela entre los que quieren seguir no la letra, sino el espíritu del filósofo, consiste en el dilema de que las formas de nuestro conocimiento, que fundan todo posible saber, de nuevo necesitan ellas mismas una fundamentación. Kant las postuló, pero no las derivó en sentido estricto. Desde luego, el espíritu humano ha de conocer su propia limitación, pero todo límite ha sido erigido, ninguno es primordial. Las líneas que delimitan las fronteras de la filosofía crítica son meramente *subjetivas:* aquí está el mundo de las apariencias, allá está el mundo de las cosas mismas. Para rebasar las líneas trazadas por Kant, hay que volver por detrás de ellas. Parece como si Hölderlin, Hegel y Schelling hubieran apuntado cada uno a su manera a una revolución más radical en el pensamiento, la cual aspira a este primer origen de todo conocimiento. Quieren ir con Kant más allá de Kant.

Un filósofo que les ayuda en su concepción es Friedrich Heinrich Jacobi, un particular de Düsseldorf, establecido en su finca de Pempelfort, en Westfalia. Supera a los tres en edad una generación entera, y está en contacto con los hombres más conocidos de su tiempo: Herder, Lessing, Hamann, Mendelssohn, Goethe.

Jacobi, que se designa a sí mismo como «hereje privilegiado del idealismo», se dio a conocer en 1785 con su libro *Sobre la doctrina de Spinoza en cartas al señor Moses Mendelssohn.* En él se dedica a un filósofo que ya nadie lee, que para muchos es un perro muerto: Baruch Spinoza. Su divisa es *«Deus sive natura»:* «Dios o la naturaleza», no hay ninguna diferencia entre ambos. Dios y el mundo real coinciden. Él es la sustancia incondicionada, y quien conoce la relación de las cosas entre sí comprende la esencia de Dios. Todo es necesario, todo está determinado, y todo se puede comprender a través del entendimiento. No hay lugar para un Dios creador, de la religión que sea. Esas afirmaciones implicaban una doctrina herética, y por este motivo Spinoza fue expulsado de la comunidad judía de Ámsterdam a mediados del siglo pasado.

Pero el punto más importante del libro sobre Spinoza es el siguiente. Jacobi afirma que Lessing, medio año aproximadamente antes de su muerte, en julio de 1780, se adhirió al espinosismo. Los ánimos en los salones de la Ilustración de Berlín están candentes, pues la doctrina de Spinoza significa fatalismo, nihilismo, ateísmo. Quien se pone de parte de Spinoza sin duda es un ateo. ¿Y precisamente Lessing lo hizo? Su memoria está en peligro.

Mendelssohn prepara una defensa en grande del amigo. *Horas de la mañana o lección sobre la existencia de Dios* se titula el escrito en el que él se posiciona contra Jacobi. En particular, la acusación de ateísmo no puede quedar sin comentario. Lo que pone a Lessing bajo una luz peligrosa desacredita también al círculo de los ilustrados de Berlín, que se han juntado en torno a Mendelssohn. Según estos puede haber un «espinosismo purificado» del todo compatible con la moral y la religión, capaz de complementar la existencia de un Dios creador.

El debate se extiende a círculos cada vez más amplios. Goethe y Herder se adhieren sin reservas a la posición de Mendelssohn. De todos modos, las disputas en torno a la correspondencia publicada con Jacobi lo afectan visiblemente. Mendelssohn murió de manera totalmente inesperada poco después de llevar a la imprenta su escrito *A los amigos de Lessing*. Por lo visto, con un estado delicado de su salud, cogió un resfriado en el camino hacia allí, en medio de un frío intenso y sin gabán. Cuando al final toma parte en el debate también Karl Philipp Moritz, protegido de Mendelssohn, para vengar la muerte de este, interviene Dorothea, su hija. Ella, que recibió del padre la primera enseñanza y por voluntad suya fue prometida a la edad de catorce años con el banquero berlinés Simon Veit, con quien se casó hace tres años, exhorta a guardar la calma. Ya es todo bastante complicado, dice.

A Jacobi le fascina desde el principio el pensamiento de Spinoza, y en especial su ética, que este cree poder deducir por un método estrictamente geométrico, esto es, por un método matemático. Ahora bien, le fascina de una manera peculiar, en el sentido de que lo dicho por Spinoza no puede refutarse, de que todas sus deducciones son correctas. Pero lo que dice Spinoza ¿es ya verdadero por el hecho de no contradecirse? Jacobi niega eso categóricamente. La verdad no está encerrada en algo así como una nuez, de tal forma que baste con que el pensamiento la parta. La filosofía no es pienso para estudiantes.

Para Jacobi el espinosismo es el negativo a partir del cual él desarrolla su propio pensamiento. Sin duda Spinoza tiene razón en que la existencia de Dios puede demostrarse, pero solamente en cuanto que Dios se entienda como la conexión necesaria entre todas las cosas; ahora bien, si queremos salvar al Dios vivo, al Dios de la creación, entonces hay que catapultarse fuera del sistema, hay que atreverse a un «salto mortal», a un salto a lo incierto.

Hölderlin, Hegel y Schelling, aun con toda su admiración, no quieren ser tan osados como Jacobi, pero han entendido que, si hay un sistema de la filosofía, un sistema al que también Kant apuntaba con su crítica de la razón, Spinoza lo ha desarrollado ya. Tal sofisticación entusiasma a Hölderlin, Hegel y Schelling. Entienden que la disputa de Jacobi con Spinoza es a la vez una crítica a Kant, al carácter abierto y contradictorio de su sistema, que desarrolla un camaleónico movimiento pendular entre idealismo y realismo, oscilando en el medio con indecisión. Pero ellos, en contraposición a Jacobi, creen que precisamente el pensamiento de Spinoza, si no lo referimos a la sustancia divina, sino al sujeto, promete libertad, promete la capacidad de poner un principio por voluntad propia en medio de un mundo impregnado de determinismo.

Justo eso es lo que buscan los compañeros del seminario de Tubinga. Esta capacidad impulsa la aspiración a una gran unidad que envuelva todo pensamiento y todo ser, que se sale del desgarro de las contraposiciones; eso es el *hen kai pan* de Heráclito, que según su manera de interpretarlo es posible llevar a la práctica en la libertad humana.

«Hen kai pan» —uno y todo—, exactamente eso escribe Hölderlin en el álbum de recuerdos de Hegel, su compañero de habitación, antes de que se separen los caminos de los tres amigos. Quieren verse de nuevo en el reino de la libertad; se han jurado alcanzar esta meta.

Cuando Hegel llega a Jena nada queda ya del «anciano», de la pesadez anterior. Pero las circunstancias que lo han llevado a pasar finalmente a la esfera académica son más bien tristes. El año pasado murió su padre; su hermano, su hermana y él se distribuyeron la herencia entre ellos. De forma inesperada recibió mucho dinero de una vez. Y dinero significa independencia y tiempo para terminar los estudios iniciados. Ya le viene a la mente Jena, donde enseña Schelling, su antiguo compañero de seminario.

Jena, incluso después de la partida de Fichte, sigue siendo una meca para los filósofos. El programa con las asignaturas ofrecidas revela un variado y competente cuerpo docente, desde el antiguo dogmatismo hasta la más reciente filosofía de la naturaleza; la concurrencia es fuerte. Cada uno tiene su propio sistema, así como seguidores dispuestos a reafirmar la filosofía de su maestro como la única válida frente a todas las demás. También Friedrich Schlegel, el editor del polémico *Athenaeum,* que ha dejado de publicarse por falta de suscriptores, ha empezado a dar clases en la facultad.

Hegel ha seguido desde lejos el ascenso de Schelling en la universidad. Casi muestra una actitud reverente ante él. Pero quiere participar y desarrollar su propio sistema, que debe ser mejor incluso que el de su amigo, aunque de momento no quiera refregárselo por las narices.

Schelling se alegra ya de las futuras conversaciones con su antiguo amigo, especialmente ahora que muchos compañeros le han dado la espalda, Caroline está en Brunswick y él tiene que reafirmarse contra Fritz. Su proyecto originario, el que idearon juntos en Tubinga, no ha perdido nada de su actualidad.

Al llegar a Jena, Hegel entra inmediatamente en combate. Ha perdido ya demasiado tiempo. Tiene treinta y un años. Schelling llegó a ser profesor asociado con veintitrés. Para matizar su propio perfil, su posición, está preparando un escrito *Sobre la diferencia entre los sistemas de Fichte y Schelling*. Se trata de amojonar el terreno.

Está asimismo preparando un trabajo sobre las órbitas de los planetas; se propone habilitarse con él. Se trata de un estudio sobre filosofía de la naturaleza, que no en último término es una concesión a Schelling. En él no solo quiere desarrollar la ingeniosa demostración de que en el movimiento de los cuerpos celestes reina la razón, sino continuar además el pensamiento de un seminarista suabo de Tubinga de otros tiempos: Johannes Kepler.

Hegel, como Kepler, está convencido de la antigua idea platónica de una «*harmonia mundi*», de un orden armónico del mundo. Según él, el mundo puede comprenderse a través de la razón; Kepler y no Newton fue el primero en formular la forma elíptica del movimiento de los planetas, aunque no la dedujo en sentido estricto. Para compensar esto, Hegel no deja de estudiar a ninguno de los matemáticos, físicos, filósofos o astrónomos famosos. Ya Platón, en el *Timeo,* había indicado una serie de números según la cual ha formado el universo el Demiurgo, el primero de los maestros artesanos y creadores. Esa serie consta de los números: 1, 2, 3, 4, 9, 16, 27. De esa serie puede deducirse todo: las órbitas de los planetas, la trayectoria de los cometas, la distancia entre las estrellas... Es una forma de medir el universo sin necesidad de telescopio.

Después de Schiller, Paulus, Niethammer y Schelling, ahora con Hegel ha llegado a Jena otro suabo. Parece como si todos los suabos quisieran emigrar y reconstruir la universidad en el siglo tercero de su existencia. Pronto se dice que Schelling se ha buscado en su patria un apoyo para traerlo a Jena, un apoyo que va a dejar claro que el tiempo de Fichte ha pasado. El terreno está minado y, sin embargo, ha de ser explorado minuciosamente.

Hegel asiste también a las lecciones de Schlegel sobre filosofía trascendental. A principios de febrero, cuando han transcurrido ya más de tres meses de clases, se une al grupo todavía a tiempo de oír la decisiva parte final sobre el «retorno de la filosofía a sí misma», en la que Schlegel expone por qué la filosofía debe ser dialéctica y no puramente lógica.

De momento Hegel encuentra alojamiento en casa de Johann Dietrich Klippstein, que trabaja en el jardín inglés y además gestiona un pequeño vivero no lejos del límite de la ciudad. Gries, el fámulo de Schelling, vive muy cerca, lo cual facilita el acomodamiento. Tal vez Hegel se mude pronto con Schelling. Incluso hay planes de publicar una revista juntos. Se distingue radicalmente esta relación de la que Goethe y Schiller cultivan entre ellos; no obstante, Schelling y Hegel pasan a ser el nuevo equipo ideal.

Kant en quince minutos
Germaine de Staël hace una petición

Cuando a principios de marzo de 1804 la famosa escritora francesa llega a Berlín, la ciudad se halla en plenos preparativos del baile de cumpleaños de la reina Luisa. Le dan la bienvenida como invitada de honor, se sienten halagados por su presencia.

También en Berlín Germaine de Staël aprovecha todas las oportunidades para saciar su sed inagotable de saber en el campo de la filosofía y la poesía alemanas. Durante la cena pide aclaraciones sobre la obra filosófica de Fichte. Luego habla con el filósofo en persona, que apenas puede seguir su vertiginoso francés. En medio de sus escasos conocimientos, Fichte la sorprende con la contraposición entre el yo y el mundo, y con la manera como se produce la mediación entre estos polos. Ella busca constantemente nuevo material para su libro, que crece sin cesar. Fichte, asustado por tanto temperamento, da de sí todo lo que puede. Tiene que explicar la filosofía trascendental en quince minutos, cuando no bastarían ni quince años. A Madame no le importa. ¡Ya basta, ya basta con lo oído!

Después de que Napoleón la expulsara de París, emprendió un viaje a través de Alemania con el fin de recoger material para su obra: *De l'Allemagne*. Busca tender un puente entre la cultura francesa y la alemana. Le fascina este país áspero, su filosofía y su poesía, de las que en Francia apenas se sabe nada.

Quien le contagió este entusiasmo fue Benjamin Constant, con el que tiene una hija y una intrincada relación; según se dice, no es el único hombre en su vida. Él le explicó que la literatura alemana no puede seguir siendo blanco de burlas, y que sobre todo la filosofía alemana es más elaborada, imparcial, exacta y en todo caso más amante de la verdad, moderada y comedida que la francesa e inglesa. Desde que Madame de Staël leyó el *Werther* de Goethe, en su traducción francesa, está convencida de que esta novela, junto con la *Nueva Eloísa* de Rousseau, es una de las más importantes de la literatura reciente. Y desde entonces le resultan demasiado estrechas la lengua francesa, la literatura francesa y la nación francesa. Ella quiere escribir sobre todos estos asuntos: las costumbres y lo que en este campo les falta todavía a los alemanes; la literatura alemana, que destaca claramente entre la de todas las demás naciones, y la filosofía, que en el momento actual está en pleno apogeo.

Aquel a quien este país tiene tanto que agradecer murió el mes pasado en la lejana ciudad de Königsberg: Immanuel Kant. Nunca salió de su ciudad natal y, sin embargo, se convirtió en el autor más discutido de Europa. Fue un filósofo que, a pesar de su edad avanzada, nunca pasó de moda, y cuya relevancia no decayó ni siquiera después de su muerte. Kant encarna la frontera entre dos épocas de la filosofía.

La filosofía alemana hace que Madame de Staël sienta con mayor intensidad lo que le falta a ella, la indomable, a la que Napoleón ha expulsado del país: un lugar donde vivir, donde encontrarse a sí misma. Cuando finalmente aprende alemán, casi hasta agradece las palabras singulares de esta lengua, por ejemplo, «*Heimweh*» (añoranza del hogar), en la que se expresa el deseo doloroso, nunca satisfecho por completo, de volver a aquel lugar donde todavía no ha estado nadie. Ella siente *Heimweh* en cualquier lugar donde ahora la reciben en Alemania, a pesar de todo el cariño que se le muestra, a pesar de tantos festejos y comidas, de tantos banquetes y bailes en su honor.

En Weimar ha estado en el Musenhof con su entorno. Quería quedarse dos semanas, pero al final estas se han convertido en dos meses y medio. El duque le brindó un gran recibimiento, y antes se lo había brindado Goethe en persona. Este le había enviado previamente un ejemplar de *Wilhelm Meister*, un regalo que ella entonces no supo apreciar en su justa medida, en parte por falta de conocimiento de la lengua. Ahora la situación es del todo distinta. Su libro más reciente, *Sobre la literatura en sus relaciones con las instituciones sociales y con el espíritu del tiempo,* está en boca de todos. Nadie hasta ahora ha investigado de esta manera la influencia del entorno en las obras literarias. Todo debe tenerse en cuenta: la sociedad, el clima y la geografía.

No hay nada que no interese a Madame. Habla deprisa, así que Goethe ha de esforzarse para no perder el hilo con el que ella salta de aquí para allá. En Weimar se ha encontrado también con Böttiger, el eterno chismoso. Sigue empeñado en su proyecto de erigir un monumento literario[1] a los coetáneos de Jena y Weimar, pero el asunto no acaba de encajar. Desde hace años sigue la trayectoria literaria de Staël. Por lo visto, ya en 1797 había leído su libro *Sobre el influjo de las pasiones en la dicha de naciones enteras y de hombres particulares* y había discutido sobre él con Wilhelm Schlegel poco después de publicarse la edición alemana. Además, fue Goethe quien le recomendó encarecidamente esta obra para el libro en el que estaba trabajando a aquel profesor que le ayudó a él mismo en cuestiones de estilo, métrica y traducción literaria, pero que hace tres años se trasladó a la capital de Prusia. Le cuenta a Madame que él imparte allí lecciones sobre literatura y arte.

Cuando Madame de Staël abandona la ciudad en dirección a Berlín, Goethe se alegra de no haber profundizado más en el asunto. Es fatigoso verse envuelto en cualquier ocasión en conversaciones de las que se sabe que serán aprovechadas literariamente. Por esta misma razón, también Böttiger lo pone nervioso. Tras la partida de Madame, se siente como si hubiese superado una enfermedad larga y dura.

En cuanto se calma el entusiasmo inicial, hasta el punto de que medio Berlín, incluidos príncipes, duques y diplomáticos, le ha ofrecido sus respetos, cumple el propósito que la ha traído hasta aquí: asiste a las clases de Wilhelm Schlegel.

En verdad, Goethe no ha exagerado. Exactamente así se había imaginado al profesor: inteligente, interesante y encantador. No es un hombre apuesto que se diga, por lo menos no

Louis Le Coeur, *Fiesta en honor de la coronación de Napoleón I Bonaparte como emperador en París,* 1804.

para sus ojos, pero no hace falta que lo sea. Ella nota de inmediato que sería el colega ideal, el mejor tutor para sus hijos, el acompañante que querría a su lado en todas las situaciones de la vida. Nadie como él está tan versado en literatura, en la vida intelectual y en las ciencias; habla francés e inglés como un nativo, y apenas hay nada que no haya leído.

De Staël no vacila ni un instante, hace lo que puede por conseguir que Wilhelm vaya con ella. Por supuesto, él es demasiado importante para ocuparse de la educación de sus hijos, pero lo necesita para ella misma. No puede haber mejor asesor que él para su libro, es un logro inestimable en su viaje de formación por Europa, una enciclopedia andante, un auténtico regalo como recuerdo del viaje.

Apenas le ha hecho la oferta se entera de la grave enfermedad de su padre, que se encuentra en el castillo de Coppet en el lago de Ginebra. Tiene un mal presentimiento. Primero la patria, ahora su propio padre.

Decide partir ese mismo día, antes de lo que estaba previsto. Wilhelm tiene que decidirse con rapidez, y acepta. ¿Qué podría retenerlo? Hace un año que está separado de Caroline, tiene muchas deudas y Madame de Staël le ofrece un sueldo generoso. Pero no son solamente razones económicas las que le mueven a viajar con ella, es también la ilusión de abrir un nuevo capítulo en su vida, de dejarlo todo atrás, no solo la enseñanza académica, sino también la desdichada y todavía no concluida relación amorosa con Sophie Bernhardi,[2] la hermana de Ludwig Tieck, quien tiene parte de culpa en su desastrosa situación económica. Le apetece abandonar todo eso para lanzarse a un futuro muy prometedor al lado de una célebre escritora. En Ginebra querría crear una nueva *Republique des Lettres,* abierta al mundo, liberal, sin pretensiones, que se apoyaría en la tradición de los salones de París, cuando se reunían Diderot, Hemsterhuis, D'Alembert, Buffon y Melchior Grimm. Madame irradia un poder sobrenatural, es inútil luchar contra él. De nuevo Wilhelm está dispuesto a poner su destino en manos de otro ser humano. Cree haber encontrado definitivamente lo que buscaba.

Así pues, Wilhelm abandona junto con Madame de Staël la capital de Prusia el 19 de abril de 1804. En Weimar quieren quedar con Constant, que ha de traer noticias sobre el estado de salud del padre. También han planeado una parada intermedia en Wurzburgo, donde Schelling y Caroline viven en ese momento.

Cuando Wilhelm sube al coche y ve pasar las sombras de los tilos, casi le parece una despedida definitiva, como si no fuera a ver Berlín nunca más.

La propia Caroline apenas puede creerlo. Pero, quizás por primera vez en su vida, tiene el sentimiento de que es para siempre. Dorothea Caroline Albertine, nacida Michaelis, viuda de Böhmer, separada de Schlegel, casada de nuevo con Schelling. Con este nombre tiene que quedarse, y se quedará.

El matrimonio con Schelling se celebró en el círculo familiar más íntimo. A finales de mayo de 1803, pocos días después del divorcio de Wilhelm, llegaron aquí, a Murrhardt, en Württemberg, donde un mes más tarde los casará Friedrich Joseph Schelling, el padre de Schelling, que había obtenido recientemente el nombramiento de prelado. En el camino hacia Suabia han hecho una parada en Bad Bocklet para obtener la bendición de Gustel en el cementerio del pueblo.

El divorcio de Wilhelm no le resultó fácil a Caroline, pero ambos sabían que su situación era un obstáculo para la felicidad propia y para la del otro. Nunca fueron el uno para el otro lo que los dos querían. Tampoco Wilhelm, aunque siempre estuvo por ella. Era imposible entregarse al otro por completo, con un amor incondicional. Mientras tanto han pasado a tratarse de «usted» por escrito.

Caroline y Wilhelm quieren el divorcio, y lo quieren tan rápidamente como sea posible, sin importarles las habladurías. Quieren hacer lo que les parece acertado. Pero en todo caso necesitan para ello la conformidad del duque, que es difícil de obtener, pues no hay razones jurídicas ni morales para una liquidación del matrimonio. Por suerte viene en su ayuda otro caso que el consistorio ha resuelto hace poco de forma favorable. Sophie Mereau se separó de Friedrich Ernst Carl, profesor de derecho en Jena. Ella había conocido al joven Clemens Brentano, estudiante de medicina, que, en lugar de preparar cadáveres a primera hora de la mañana, prefería entregarse a sus inclinaciones literarias, por lo que aparecía a mediodía en el almuerzo en casa de Caroline y por la tarde visitaba con agrado a Mereau mientras su marido estaba en el aula. El asunto tuvo consecuencias. Llegó el momento en que ambos querían el divorcio, que al final les fue concedido, con lo cual se creó un precedente que debería facilitar el procedimiento en el que ahora se encuentran Wilhelm y Caroline. Por lo menos ellos así lo esperan.

El tema no es fácil. En el gremio, además de Herder, como supremo representante eclesiástico, está también Böttiger, que representa a las autoridades escolares. Con ninguno de los dos tiene Wilhelm buena relación. Con Böttiger ha mantenido siempre la distancia. Herder, en cambio, es de otro calibre. Wilhelm y Fritz deben muchísimo a algunos de sus escritos, en concreto al *Tratado sobre el origen del lenguaje,* pero en el *Athenaeum* prestaron poca consideración al superintendente de Weimar y no escatimaron burlas. A este respecto, precisamente la idea de que el lenguaje de las sensaciones, procedente de Herder, no es contrario al lenguaje del entendimiento servía de pauta para una poesía que se mueve entre los extremos.

No es extraño que el consistorio invite a los dos cónyuges para tratar la situación en una conversación personal, como última oportunidad para salvar el matrimonio. Herder y Böttiger insisten en la citación. Se le impone a Caroline que no salga de la ciudad. Ahora parece que implicar a Goethe en el asunto es la última oportunidad. Y de hecho él logra cambiar el parecer de Herder y Böttiger. Se suspende la citación, y con ello se evita la humillación. El duque admite la solicitud de la pareja aún casada. El 17 de mayo de 1803 se produce el divorcio, y seguidamente Caroline se pone en camino con Schelling hacia la casa de los padres de este.

Schelling y Caroline quieren pasar los primeros meses de su matrimonio en la casa paterna en Suabia. La guerra impide su deseo de continuar viaje hacia Italia. Caroline es bienvenida en la casa de los suegros. El padre de Schelling, como teólogo, conoce al profesor Michaelis, padre de Caroline, e incluso ha mantenido un intercambio epistolar con él. Aun así, no les resulta fácil a los padres aceptar que su hijo se case con una mujer doce años mayor que él, divorciada e indultada por el rey. A veces hay que dejar ir el pasado para ver lo hermoso que puede ser el futuro. En las fronteras, allá fuera, se desata la guerra.

Ya no son muchos los que quedan en Jena. Tieck hace tiempo que se despidió para ir a Dresde; aquel invierno, Wilhelm se marchó definitivamente a Berlín, para impartir allí lecciones sobre literatura y bellas artes; Fritz y Dorothea se sienten atraídos por París. Novalis descansa ahora en otro lugar. Los asientos de las aulas ya no están tan abarrotados, el sueño se ha acabado. La bella torre yace en escombros.[3]

También Schelling, que sigue manteniendo la alianza con Hegel, ahora, mientras junta los pliegos para el primer número del *Kritische Journal der Philosophie,* piensa cada vez con mayor frecuencia en cambiar de universidad. En Prusia se ofrecen más ventajas a los investigadores, Baviera se dispone a reorganizar el mundo de la universidad y de la enseñanza en general, parece que en ese momento en todas partes están las cosas mejor que aquí. Se puede temer que algunos cursos no se impartan a causa de la fuerte disminución del número de estudiantes. Muchos soberanos territoriales, siguiendo el ejemplo de Napoleón, han decidido prohibir que los jóvenes de su país asistan a universidades de otras regiones. Una tragedia. En cualquier caso, Hegel y él han fundado la revista. El primer número se imprimirá a finales de 1801.

Con el *Kritische Journal,* Schelling y Hegel esperan contener la confusión nada filosófica que se generaliza en las cancillerías del país y en innumerables publicaciones. La *Allgemeine Literatur-Zeitung* marca el tono; al círculo de Jena, con toda su ralea, ya se trate de Fritz o de Wilhelm, de Schelling o de Hegel, se los tacha de locos. Al final Fichte presentó propuestas para la creación de un «instituto crítico». Fichte quería emplear, junto con él mismo, a Fritz y Wilhelm, a Schelling y, en total, a un grupo de catorce redactores.

Schelling y Hegel decidieron desde el principio editar a cuatro manos el *Kritische Journal.* No querían maquinaciones ni intrigas. Querían unidad.

Redactaron juntos el artículo introductorio en el que daban a conocer su programa, titulado «Sobre la esencia de la crítica filosófica en general y su relación con el estado de la filosofía actual en particular»; también esa manera de escribir era una novedad. Schelling y Hegel componen juntos la mayor parte de los artículos y, cuando no proceden así, ni siquiera consideran necesario indicar el autor por separado. Intercambian las ideas principales, estas se van desgranando poco a poco en la conversación, y luego ya no puede decirse quién ha escrito realmente el texto. Mientras que Fritz y Wilhelm siempre se preocuparon escrupulosamente de indicar el nombre del que hace su aportación al *Athenaeum,* Schelling y Hegel se presentan como una unidad filosófica.

También para ellos la independencia del espíritu es lo supremo, de esto no hay duda. Tampoco ellos quieren sacrificar la controversia a una precipitada y llana unanimidad. Sin embargo, en contraposición a Fritz y Wilhelm, no son individualistas radicales, sino que advierten sobre la dispersión en individualidades, buscan el sistema en sentido consecuente, como algo superior al mero individuo. De igual forma que hay solamente *una* razón, la filosofía, de acuerdo con su pretensión de validez, solo puede ser *una;* en sentido estricto no puede haber visiones diferentes que constituyan una auténtica pluralidad: todos los puntos de vista son formas de ver dentro del ámbito de validez de la razón, que es uno y único.

Schelling y Hegel defienden esta tesis también en relación con la crítica filosófica. Según ellos, la crítica no es una simple toma de partido, una expresión de pretensiones de poder u opiniones subjetivas. Su tarea consiste más bien en poner de manifiesto las ideas en las cosas y en separar así la filosofía de lo que no lo es, de tal manera que esta, en el movimiento continuado del pensamiento, se acredita de nuevo como filosofía. Eso no está exento de polémicas, pues incluso los propios Schelling y Hegel recurren a ellas siempre que es necesario; pero estas no pueden convertirse en la regla. La tarea de la crítica filosófica consiste en la refutación de la apariencia.

El lenguaje de los dos antiguos alumnos de teología ha cambiado radicalmente. La pasión con que entonces conjuraban el reino de Dios o la iglesia invisible en la Tierra ha dejado paso a un tono menos audaz, más sobrio; aquí y allá los textos están pertrechados de fórmulas. En relación con el absoluto hablan ahora de forma y esencia, producción y producto, de indiferencia cuantitativa. Hegel, en su reciente obra *Diferencia entre los sistemas de filosofía de Fichte y Schelling,* habla incluso de la «identidad entre la identidad y la no identidad», de una totalidad de la razón que se contiene a sí misma y que contiene a la vez a su opuesto. Casi nadie entiende lo que quiere decir con eso.

Hegel invita a un «Viernes Santo especulativo»:[4] Dios ha muerto y, como ya no extiende su mano protectora sobre las criaturas humanas, todo tiene que hundirse en la noche del no saber y de la duda. Todo ha de comenzar de nuevo. El pensamiento debe empezar por la nada. Si se decide finalmente a considerarse a sí mismo, constata que la nada no es no ser sin más, sino ya un algo, un algo que a través de la razón en la sucesión de sus operaciones adquiere una forma cada vez más concreta. Con ello también la razón se entiende en su devenir, en un constante movimiento. La razón no es un aparato del que el hombre pueda servirse a su antojo, sino más bien un organismo vivo, que se produce y desarrolla a sí mismo.

Al principio Hegel quería mostrar con intención polémica y crítica que en todas las formas del conocimiento finito se muestra una contradicción y, por eso, hay que dudar de todo, hay que proceder sin ningún presupuesto. Pero el procedimiento escéptico logrado de esta manera puede refundirse en un método positivo. El pensamiento, que ha entrado en un proceso de reflexión, sumerge en su propio movimiento los extremos entre los que oscila. Con esta figura dialéctica cree que no dice nada nuevo, sino que simplemente trata de poner en claro lo que Schelling tiene ante sus ojos con su concepto de un sistema de la identidad absoluta. Nada está dado fuera de lo dado a través de la razón misma, nada escapa al espacio de su mediación. Schelling está entusiasmado.

A finales del año 1801 va por fin a imprenta el *Kritische Journal der Philosophie*. Y tras este primer número queda ya claro que Hegel tiene una mente propia, que no se deja instrumentalizar para los fines de Schelling, que en algunos puntos piensa de forma más radical que este, y lleva la filosofía con más vigor que él a la parte del concepto, de la auténtica especulación filosófica, de acuerdo con sus términos. Entretanto se ha habilitado también como profesor y enseña lógica y metafísica. Con él no se ha repetido el escándalo que en primavera se produjo a raíz de la habilitación de Fritz. Incluso Goethe ha manifestado su interés por el nuevo hombre en Jena. La investigación de la naturaleza no es precisamente el caballo de batalla de Hegel, pero resulta sumamente admirable el desarrollo a priori de la ley universal de Kepler, tal como ha intentado hacerlo en su habilitación.

Es cierto que las aportaciones al *Kritische Journal* aparecen bajo el nombre de ambos, pero, si Schelling se descuida, su antiguo compañero de habitación se elevará como filósofo primordial del nuevo siglo. En cuanto comience el nuevo año se enviarán a los suscriptores los primeros ejemplares. ¡Salgamos al mundo!

Buscar tierra virgen
En la mina de la poesía

En el mismo día en que se cumplen cuatro años de la muerte de Sophie, comienza el rápido agotamiento de las energías vitales. Novalis se encuentra fatigado, nota que le quedan pocos días. El 19 de marzo es un día fatídico. Ahora se trata de aguantar. Fritz ha anunciado su llegada. ¡Cómo le habría gustado haber asistido a la habilitación de su amigo!

El estado de salud de Novalis ha empeorado desde finales de verano del año pasado: fuertes dolores de abdomen, una opresión incesante en el pecho, sangre en el pañuelo. Lo cierto es que el año 1800 había empezado muy bien: se comprometió con Julie Charpentier, hija de Johann Friedrich Wilhelm von Charpentier, intendente de minas de Sajonia, que congeniaba con Goethe y le aconsejaba en todos los asuntos de las minas de Ilmenau, y que, como Abraham Gottlob Werner, con el que Novalis mantiene una estrecha relación, enseña en la Academia de Minas de Freiberg, donde él mismo ha estudiado.

Las perspectivas personales y profesionales de Novalis apenas podrían haber sido mejores. También era inminente su nombramiento como jefe del distrito de Turingia en el electorado de Sajonia. Y al mismo tiempo seguía escribiendo *Enrique de Ofterdingen*, que era su respuesta al *Wilhelm Meister* de Goethe. La primera parte le había granjeado admiración; era un proyecto enciclopédico, destinado a llenar toda una biblioteca. Lo que faltaba en el *Meister* de Goethe era la naturaleza, lo místico.

La irrupción de la enfermedad en agosto desbarata súbitamente esas perspectivas y esos planes tan prometedores. Ya no puede pensar en el trabajo. Cuando en noviembre le llega además la noticia de que su hermano Bernhard, de catorce años, se ha ahogado en un accidente a orillas del Saale, Novalis sufre un vómito de sangre que casi le cuesta la vida.

El invierno hace el resto. Novalis es apenas una sombra de lo que fue, su cuerpo y su espíritu están dormidos. Tanto su hermano Karl como Julie, su prometida, están constantemente pendientes de él, lo cuidan tanto como es posible. Pocas veces se une a las conversaciones, se limita a escuchar o incluso se duerme mientras los otros charlan. Yace como un muerto y, sin embargo, se le ve muy vivo cuando sube y baja su pecho.

A mediados de febrero lo examina el profesor Stark, que había tratado ya a Sophie. Tampoco él sabe qué aconsejarle, los médicos se han dado por vencidos. No obstante, Novalis, cuando llega de nuevo a Weissenfels, está sorprendentemente distendido, casi alegre. Quizás se encuentra así porque ya nadie puede ayudarle y, por tanto, se ve abandonado a su suerte. El filósofo, el «médico trascendental», es el que mejor ha sabido siempre cómo devolver el equilibrio al vejado e impotente cuerpo mediante un paulatino aumento de los estímulos internos, mediante la elevación y formación de la propia sensibilidad. La muerte trágica de Auguste Böhmer no ha afectado a su entusiasmo por el método de Brown. Y, sorprendentemente, ha desaparecido la angustia, así como la lucha cotidiana. No hay que perder el valor, hay que mantener la fe. Quien pierde la fe, lo pierde todo. La oración es una medicina universal.

A veces incluso logra componer una poesía. Por lo demás, lee mucho la Biblia y escritos espirituales, así como a Zinzendorf y Lavater. También le han gustado las obras de Jakob Böhme. En este místico y teósofo encuentra estímulos para unir entre sí la filosofía y la religión. Quizás pueda salvarse algo así como una «religión de la razón», al estilo de Kant. Novalis entiende ahora cada vez mejor el hecho de que Sócrates caracterizara la filosofía como una ejercitación en el morir. Hay que aprender a saber morir antes de morir realmente, a aprobar lo que está delante de cada uno como destino, como certeza inmediata.

Durante un tiempo breve, Novalis vuelve a creer en la curación; de pronto la sangre y la tos han desaparecido, como si nunca hubieran estado ahí. Se encuentra un poco extenuado, pero no le molesta nada más; quizás al final todo vaya bien, y él logre consumar una medicina del yo superior, en lugar de ser tan solo su profeta. En los fragmentos de *Blütenstaub,* publicados en su momento en el *Athenaeum,* había escrito que la eternidad con sus mundos, con el pasado y el futuro, no podía encontrarse en otra parte más que en nosotros mismos: «Soñamos con un viaje a través del universo, ¿no está el todo del mundo en nosotros?». En cuanto mejore de nuevo, van a ver lo que es la poesía, qué composiciones poéticas y cantos le zumban en la cabeza ahora, sin cesar. La misión no ha finalizado, ni por asomo.

Hoy Fritz, junto con Dorothea, Paulus y un par de antiguos compañeros del *Athenaeum,* va a celebrar la promoción académica en su antiguo domicilio de la Leutragasse. Dorothea ha organizado la velada.

Desde que vive en el Graben, Dorothea ha florecido. Ahora que Caroline ya no es la que marca el tono,[1] se siente liberada por completo, pues se ha sentido empujada en una u otra dirección durante demasiado tiempo. Por suerte Caroline y Wilhelm no han vuelto todavía de Brunswick y la casa de atrás está desierta. Es el lugar ideal para celebrar la reciente habilitación, que ha sido el nuevo paso en el escalafón académico, aunque el acto por poco termina en un gran escándalo.

Ya en los preámbulos se produjeron algunas querellas. Era costumbre que los candidatos a la habilitación nombraran ellos mismos a sus oponentes para el debate. Pero en el caso de Fritz de pronto las cosas han de ser distintas. Los señores legitimados para el examen han escarbado en las actas, han soplado en el polvo de las tapas y han sacado trasteando una antiquísima ley según la cual es competencia exclusiva de la facultad nombrar a los oponentes. Se aferran a este derecho y no hay más que hablar.

El nombramiento recae en Johann Christian Wilhelm Augusti y Johann Friedrich Ernst Kirsten. Con ello la facultad nombra a unos oponentes manifiestamente adversos al círculo del *Athenaeum;* para Fritz se trata de una provocación, está claro que intentan ponerle palos en las ruedas. Sin embargo, por no caer de entrada en el desaliento, renuncia a rebelarse contra la triquiñuela. Cuando comienza la disputa el 14 de marzo de 1801 se muestra tranquilo y equilibrado.

Como en otoño la lección de prueba sobre el concepto platónico de entusiasmo había transcurrido tan bien, Fritz ha elegido de nuevo a Platón como tema. Ahora habla sobre su forma de filosofar, que está en consonancia con sus propias explicaciones, con su propia concepción. Según Fritz, Platón tiene *una* filosofía, pero no necesita ningún sistema; la filosofía solo puede perdurar como movimiento de pensamiento, a la manera como Sócrates en el mercado andaba de aquí para allá sometiendo a prueba las opiniones de los ciudadanos de Atenas. Platón nunca llegó al final con su pensamiento, intentó siempre exponer en diálogos su aspiración a un saber consumado y a un conocimiento de lo supremo, en un eterno devenir, formar y transformar de sus ideas. Tampoco Fritz se propone llegar a término alguna vez, ni en el pensamiento, ni en la filosofía ni en la vida misma. Para él la filosofía entera es más una búsqueda, una aspiración eterna al saber, que una ciencia.

Y eso es exactamente lo que hace que le resulte sospechosa la concepción del sistema de su colega Schelling. Solo se puede aspirar a ser filósofo; en sentido estricto, no se puede ser filósofo. Tan pronto como uno cree que es filósofo, deja de serlo. Fritz ha conservado mucho de su complacencia anterior en la ironía, pero ya no quiere hablar directamente de ella como método. Ya no le resulta útil.

Fritz, partiendo de la concepción platónica del idealismo, desarrolla ante la facultad su propia comprensión de la filosofía; expone la relación entre idealismo y realismo, moral y política, arte y ciencia, la función de la poesía y la imaginación, el valor de la mitología y de la historia. En el fondo Fritz cree, por supuesto, que su filosofía es el único idealismo verdadero, porque es el único que no opera en conexiones rigurosas, sino que mantiene para el pensamiento la apertura necesaria de lo fragmentario y transitorio. En este sentido, el anuncio de una asignatura sobre filosofía trascendental en el último semestre de invierno era una extravagancia, una pulla contra Schelling.

Al principio todo transcurre bien, pero se produce un escándalo con el último oponente, el teólogo Johann Christian Wilhelm Augusti. Sin duda Augusti tiene la costumbre de entretejer pequeñas bromas en sus objeciones, cosa que acaba exacerbando a Fritz, aunque por unos momentos logra morderse la lengua. Fritz le replica: *Tace, tace,* calla, calla. Se ha producido justo la situación que él siempre había temido, razón por la que durante tanto tiempo decidió no emprender la carrera académica, sino ganarse el pan como escritor libre, para seguir siendo independiente.

Augusti se siente desafiado, le sigue pinchando y termina citando un pasaje de *Lucinde,* «el *tractum eroticum Lucinda*», según sus palabras. Apenas oye Fritz la palabra *Lucinde,* interrumpe de nuevo a Augusti y le suelta un «*Scurram!*» —mentecato, estafador—, y continúa en tono insultante: «¡Qué sujeto tan mezquino, qué tenducha tan miserable es esta academia!». Cuando el decano lo llama a la calma y le dice que ha de dejar hablar a su contrincante y esperar a ver qué uso quiere dar este a la cita, que desde hace treinta años no se ha producido semejante escándalo en el escenario filosófico, Fritz le replica en el mejor latín académico que en treinta años no se había dado semejante *iniustitia.* Los pocos adeptos que le quedan logran calmarlo al fin.

Fritz no se arrepiente de nada, ni lo más mínimo, cuando pronuncia el brindis por la tarde en la Leutragasse. Puede ser que con la ofensa a su oponente haya traspasado una línea roja, pero lo volvería a hacer una y otra vez. Igual que para los exámenes de doctorado en el otoño pasado, ha tenido que pedir dinero prestado, esta vez a su querido Brentano, pero Dorothea y él confían en que superarán las dificultades en el futuro.

De todos modos, hay otra cosa que pesa sobre el alma de Fritz. Su antiguo amigo, al que conoce desde hace casi diez años, yace moribundo, se rumorea que los médicos lo han dado por perdido. El diagnóstico es inequívoco: tuberculosis. Hay quien sospecha que se ha infectado en casa de Schiller, a quien visitaba también durante los peores episodios de la enfermedad. En cuanto se calma el entusiasmo por su habilitación, Fritz quiere partir para Weissenfels. Desea volver a ver a Novalis, que siempre fue para él un espíritu afín.

Fritz y Novalis se habían conocido en 1792, cuando ambos llegaron a Leipzig para estudiar derecho y Novalis todavía no se llamaba Novalis, sino Friedrich von Hardenberg. Ambos tenían que llegar a ser funcionarios del Estado según la voluntad de sus padres.

Mientras Fritz había comenzado ya en Leipzig los estudios de comercio, que interrumpió pronto, Novalis cursaba derecho en Jena. Por lo menos lo fingía En verdad asistía a las clases de Schiller, sobre todo a las de filosofía de la historia, y durante su periodo de enfermedad mantuvo un contacto personal estrecho con el poeta. Era una época convulsa. Su padre, Heinrich Ulrich Erasmus von Hardenberg, desde 1784 director de las minas sajonas de sal en Artern, Kösen y Dürrenberg, veía acercarse la desgracia, y después de dos semestres tuvo que interceder ante el anterior preceptor, Carl Christian Erhard Schmid, compañero de Schiller. Le rogó en una conversación privada que Schiller recomendara encarecidamente al joven Hardenberg el estudio del derecho y una preparación seria para la futura vida comercial, cosa que redundaría en su propio bien y en el de la familia. Estaba convencido de que una palabra de Schiller sería más eficaz que miles de exhortaciones suyas.

Cuando finalmente Novalis se traslada de Jena a Leipzig ha compuesto ya los primeros textos literarios, entre ellos poesías dedicadas en señal de amistad a August Wilhelm Schlegel, que hasta el momento ha destacado como filólogo y crítico literario. Todavía no tiene ningún contacto personal con él. Cuando de pronto ve ante él a su hermano Friedrich (Fritz), cree que se cumple una disposición divina, un designio que le abre el paso a un círculo de personas con una manera de pensar afín, de las cuales espera el reconocimiento que le ha sido negado hasta entonces. Novalis abre su corazón a Friedrich, le habla de sus estudios anteriores, de Schiller y de Jena, se expresa tres veces más deprisa que en su vida normal, por fin le presenta sus poemas, le pide su opinión y le ruega que, si es posible, los haga llegar a su hermano.

Friedrich asume la función del crítico, que le ha tocado inesperadamente. El joven Hardenberg le gusta. Lee los textos y percibe lo tosco del lenguaje, la medida áspera del verso, las divagaciones que se paran siempre ante el objeto auténtico; pero descubre también las maduradas imágenes exuberantes, que tienen el mismo efecto que la transición del caos al mundo en Ovidio. En medio de todas las deficiencias encuentra el potencial de un gran poeta: originalidad, inteligencia y receptividad para todos los tonos de las sensaciones. Es posible escucharlo noches enteras sin cansarse; a través de su mirada los objetos más cotidianos se transforman en poesía. Se trata de un hombre joven del que puede salir todo o nada.

Novalis y Fritz no tienen ninguna intención de entregarse al destino que sus padres han planeado para ellos. Lo que les fascina es el arte, la filosofía y la religión. Fritz, después de abandonar sus estudios en Leipzig, investiga primero en Dresde y luego en Berlín cómo se vive como escritor libre, y sigue junto con su hermano este camino incierto. En cambio, Novalis se adapta más o menos a la tarea prevista para él, y a principios de 1796 lo nombran asesor en la dirección local de las minas de sal en Weissenfels.

Finalmente encuentra una salida que le permite unir sus trabajos poéticos con sus deberes profanos. También esto lo aprendió de Schiller en Jena. La contradicción es productiva, es un aguijón en la carne del hombre. Incita a superar las oposiciones. Por una parte están los que cultivan el saber para ganarse el pan, y por la otra se hallan los genios universales,[2] cuya característica fundamental es la capacidad de asumir las contradicciones y superarlas sucesivamente.

Novalis emprende un segundo estudio en la Academia de Minas de Freiberg con el profesor Werner. Aquí se puede combinar la filosofía y la investigación de la naturaleza, y al mismo tiempo adquirir los conocimientos necesarios para dirigir las minas de sal. Esto y nada más significa poesía universal progresiva:

poiesis en su originaria significación griega, es decir, «hacer», «engendrar», «producir» creativamente. Eso no es un procedimiento literario, sino una praxis de vida, que ha de ejercitarse cada día de nuevo, incluso cuando se trata de la explotación del carbón en los territorios del electorado de Sajonia.

A partir de ahora la actividad de escribir es un asunto secundario, lo principal es siempre la vida práctica, que nunca entiende de una sola cosa. La escritura, como medio de formación, sirve para pensar y elaborar algo con esmero, pero una formación completa exige haberlo sido todo alguna vez: preceptor, profesor, artesano, poeta. Hardenberg se hace llamar ahora «Novalis», nombre derivado de un antiquísimo apodo de su familia: «De novalis», los que «cultivan tierra virgen».

Pronto dirige un grupo de trabajo para explorar los yacimientos de carbón al sur de Leipzig y para el trazado de los mapas correspondientes. En Jena encuentra de nuevo a Fritz y Wilhelm en la casa Döderlein. Hay que poetizar incluso la vida más cotidiana, entremezclada con los intereses profanos. Poetizar no es más que una potenciación cualitativa. Así el yo inferior, empañado con todas las adversidades de lo terrenal, se pone en concordancia con un yo mejor, absoluto. En cuanto damos un alto sentido a lo común, una apariencia misteriosa a lo ordinario y un brillo infinito a lo finito, poetizamos. Y, a la inversa, lo más elevado, desconocido, místico, infinito, recibe una expresión corriente, se vuelve de pronto cercano, presente, y a veces incluso amenazador, como una enfermedad, lo cual en el fondo es también expresión de una conexión anímica superior.

Cuando Fritz abandona Jena a finales de marzo, confía en que Novalis tenga razón con su poesía.

Aunque es evidente que Novalis ha empeorado, los dos amigos se entienden muy bien cuando finalmente Fritz llega a Weissenfels. Ambos intercambian impresiones y, con pequeñas interrupciones, se ponen al corriente de sus cosas, de sus trabajos y de sus planes.

Explotación de una mina de bronce en Freiberg, Sajonia; grabado al cobre (detalle).

Dos días más tarde, en la madrugada, Novalis, sensiblemente debilitado, consulta algo en un libro. Le dan el desayuno y luego se siente de nuevo cansado. Desde la cama le ruega a Karl que toque algo al piano. Deja el volumen al lado, como antes, cuando leía tan deprisa que todos creían que se limitaba a hojear los libros. Luego se duerme con la música de fondo, una música que penetra en él.

Novalis cae en un sueño profundo, un sueño del que ya no despierta. Hacia el mediodía, Fritz, Karl y Julie constatan su muerte. Se ha extinguido su aliento, el último, sin el más ligero signo de dolor, como si el espíritu hubiera triunfado definitivamente sobre la vida, sobre lo enojoso, y se hubiera proporcionado una nueva existencia más fácil.

La víspera

La noticia del final del Sacro Imperio Romano Germánico corrió en verano como un reguero de pólvora. A decir verdad, nadie se sorprendió. Durante mucho tiempo el imperio había sido un juguete en manos de Napoleón. Francisco II abdicó como emperador del Sacro Imperio y se hizo coronar como emperador de Austria con el nombre de Francisco I una vez que Napoleón dijo claramente que nunca se pondría la corona imperial. Pero no contaban con la irrupción de los franceses en el país. Llegaron de la noche a la mañana; ahí estaba la soldadesca francesa, en la plaza del mercado de Jena.

Hegel, que ha permanecido en la ciudad, en la mañana del 13 de octubre de 1806 está sumamente ocupado. También en su vivienda irrumpe un grupo de seis hombres; buscan por todos los rincones y, puesto que no encuentran dinero, se llevan vestidos, ropa blanca, vasijas de cobre. Hegel los obsequia tanto como puede: les ofrece pan, huevos, chorizo, aguardiente. Los invita a un festín contra su voluntad.

Hegel presentía este curso de los acontecimientos. Había concluido sus clases sobre lógica y metafísica al final del semestre de verano con la convicción de que la situación se hallaba en un punto divisorio, en medio de una fermentación. Decía que el espíritu se encontraba en un proceso de cambio de forma. Se han disuelto, según él, la masa de las anteriores maneras de pensar y los vínculos del mundo, y se han desinflado como quimeras; la filosofía tiene que comprender el nuevo estadio del espíritu, pues allí se manifiesta lo eterno de la razón; nada sería tan fatal en este momento histórico como aferrarse al pasado. Con esas palabas se había despedido Hegel de sus estudiantes antes de las vacaciones semestrales. Ni siquiera él era consciente de cuánta razón tenía.

A lo largo de semanas se fueron estacionando cada vez más batallones en Jena y en los alrededores de Auerstedt. Prusia movilizó 130.000 ciudadanos, que, junto con 20.000 sajones, marcharon contra la armada napoleónica. Napoleón había osado ofrecer a los británicos el electorado de Hannover, que Prusia había recibido a principios de año como contrapartida por la neutralidad política y militar del país en la batalla de Austerlitz, neutralidad que el jefe del ejército pudo decidir por sí mismo exactamente en el día en que se cumplía un año de la coronación del emperador. Pero ¿quién habría creído que Jena caería entre los frentes? Cuarenta años de paz desde la Guerra de los Siete Años llevaron la ciudad a una impávida despreocupación. Se suponía que, en caso de lucha, la dirección prusiana sería lo bastante prudente para emplazar el escenario en la izquierda del Rin. Y, llegado el caso, la caballería prusiana parecía indestructible, parecía firme como el espíritu de Federico el Grande.

Ni siquiera Hegel habría podido soñar que la transformación de la historia universal fuera a producirse aquí, directamente ante sus ojos, en esta pequeña ciudad universitaria de Turingia. No era consciente de la impresionante rapidez con que sucedía, nadie lo era, ni siquiera quienes habían observado los acontecimientos desde muy cerca. Tan solo el 11 de octubre de 1806, cuando llegó la noticia de la muerte del príncipe, se disipó de golpe la seguridad: Luis de Prusia, comandante de la vanguardia prusiana, había caído en un combate cerca de Saalfeld; nueve mil soldados a sus órdenes se dieron a la fuga. La guerra estaba en marcha.

La situación en casa de Hegel se hace extrema. Nada se encuentra en su sitio. Maletas, cajones, armarios abiertos; cuanto más cerrado está un mueble, mayor es el convencimiento de que alberga algo valioso. En el rincón se ve una silla tirada, las almohadas están rajadas, en el suelo hay papel, plumas y cuchillos, nada está ya en su sitio. Todo se halla mezclado, la ropa limpia y la usada, el pan y los restos de comida.

Cuando en abril de 1801 Caroline vuelve de Brunswick a Jena se hospeda en la casa Döderlein en la Leutragasse. Se vio truncado su deseo de alquilar una casa con jardín, lo mismo que en otros tiempos, cuando vino a Jena con Wilhelm.

Entra a disgusto en el antiguo domicilio. Fritz y Dorothea han dejado la casa en un estado desolador. Según ha oído Caroline, el mes pasado celebraron aquí su habilitación, en el salón, en el que todavía cuelga su retrato. Por el aspecto que tiene ahora la casa, la fiesta debió de ser desenfrenada.

Caroline se estremece ante la idea de tener que vivir más tiempo del absolutamente necesario en este edificio ruinoso. Pero el contrato de arrendamiento dura un año más, y las posibilidades económicas de alquilar a la vez una segunda vivienda son limitadas.

Wilhelm ha partido de Brunswick en dirección a Berlín. Allí se propone impartir clases de literatura y bellas artes. Sigue ocupado en sus traducciones de Shakespeare y Calderón; al fin ha encontrado un editor[1] para su proyecto. A Caroline le parece que el divorcio no solo le daría una nueva vida a ella, sino también a él.

Hegel sujeta bajo el brazo los papeles que no le caben en el maletín. Son los últimos pliegos del manuscrito recién terminado; con ellos abandona su vivienda en la antigua sala de armas de esgrima junto a la Torre Roja. La semana pasada envió la mayor parte al editor en Bamberg. Solo le cabe esperar que el texto haya llegado a su destino, no puede imaginarse que se le perdiera una sola parte, pues no podría recuperar el texto, por no hablar de los honorarios que le corresponden. El título está decidido: *Fenomenología del espíritu*. Esta obra ha de eclipsar todo lo que hasta la fecha se ha presentado como filosofía, va a ser una obra clave del siglo. El resto de los libros y los papeles los abandona a su suerte. Lo que necesita lo lleva consigo.

Hegel, desde su vivienda en el Graben, se ha trasladado a casa de su editor Frommann.[2] Esta, situada detrás de la alta y poco vistosa puerta cochera en el Fürstengraben, en su sobriedad se halla entre las pocas que se han librado de los saqueos. La señora de la casa, Johanna, reaccionó con prudencia y cautela cuando los primeros franceses marcharon con antorchas a través de la ciudad. Puso el cerrojo en el portón del patio, cerró las contraventanas que daban a la calle y bajó las persianas de las habitaciones.

Los dueños se dieron a conocer y abrieron la casa para alojamientos cuando entraron las tropas regulares. Desde entonces acampan hasta ocho oficiales con sus hombres en la casa editorial; el patio es toda una caballeriza. Junto con todos los habitantes de Jena que, como Hegel, han buscado refugio aquí, acampan unas ciento treinta personas en camas y en la paja.

De camino a casa de Frommann, Hegel ve al emperador. A mediodía se había anunciado su esperada llegada. Muchos han confundido a algún que otro mariscal con Napoleón. Los que creían haberlo visto ya, no lo conocían, y los que lo conocían no lo habían visto todavía. Hegel estaba en zapatillas, le habían quitado las botas de los pies. Fue testigo de cómo el alma del mundo, rodeada por su séquito, atravesaba la puerta de la ciudad; allí estaba el futuro de Europa concentrado en un punto. Exactamente eso hacen las almas del mundo: penetran el cuerpo del mundo desde su centro más interior hasta la periferia, ponen el todo y las partes, por insignificantes que sean, en una relación orgánica, unen en esa relación el microcosmos y el macrocosmos, recorriendo el camino de la tierra al cielo y regresando.

Napoleón Bonaparte es para Hegel no tanto el genio militar, el héroe de Austerlitz y el dominador del continente europeo, cuanto el genio de Estado, el creador del Código Napoleónico, un derecho civil burgués organizado según los ideales de la Revolución, probablemente la obra jurídica más importante en la historia reciente. Es imposible no admirarlo por esta razón.

De entrada los Frommann han logrado protegerse del pillaje y de otros incidentes. Los generales, oficiales y soldados saben apreciar la amabilidad de la casa y expulsan a las bandas de saqueadores con la espada desenvainada y el fusil. Hegel podrá quedarse aquí los próximos días.

A finales de 1801 Fritz y Dorothea abandonan definitivamente Jena. Su destino es París, la antigua capital de la filosofía y del nuevo mundo. Hace poco más de dos años que se trasladaron a Jena para vivir con Caroline y Wilhelm, y parece una eternidad.

París es una promesa para Fritz y Dorothea. Y lo es no porque les fascine este lugar ni porque quieran fomentar el intercambio cultural entre alemanes y franceses, sino porque la ciudad ofrece las mejores posibilidades de ganar dinero a un escritor independiente, a un espíritu libre como Fritz. El ambiente de Alemania esclaviza.

Fritz tiene la mirada puesta en Georg Forster, que en otra época, cuando en Maguncia quedó aplastada la revolución, pudo sacar rentabilidad económica de múltiples maneras a sus trabajos en la capital francesa. Mientras que en Alemania todo se reprime por la fuerza, París es popular, abierto al mundo, sintético bajo todos los aspectos, y además es la cámara del arte de Europa. Los napoleónicos caballeros bandidos han traído aquí botín desde todas partes. En ninguna otra ciudad europea es posible ver más arte o estudiar nombres más importantes que aquí. En comparación, la galería de pinturas de Dresde es como un trastero.

En primavera, poco antes de que Francia y el Sacro Imperio Romano Germánico firmaran en Lunéville un tratado de paz y terminaran con ello la segunda guerra de coalición, apareció anónimamente, con el título *Florentin,* la novela de Dorothea, en la que había estado ocupada todos estos años. ¿Se publicará alguna vez la segunda parte de *Lucinde,* que Fritz lleva media eternidad escribiendo? Ni siquiera Dorothea lo cree. Hace tiempo que no es cierto el dicho «En Jena la vida es amena».

Nadie aquí se había imaginado así la guerra, seguro que no. Quien no ha visto la guerra no tiene ni idea de cómo es, e incluso el que cree haberla visto no la conoce, porque todas las guerras son siempre diferentes. ¿Qué significa haber salido con vida si hay que ver cómo transportan los cadáveres, desnudos, amontonados en carretas y sin tapar, de la iglesia de San Miguel, transformada temporalmente en hospital militar, a su descanso eterno ante las puertas de la ciudad? En la iglesia misma hay cada vez más heridos a la espera de que los atiendan. Sobre ellos se encuentra el arcángel Miguel, que ha vencido al diablo transformado en dragón, de modo que él mismo ha sido arrojado a la tierra. Han enmudecido las colosales melodías del órgano y del canto coral de la comunidad.

Hegel había escrito en la última frase de su *Fenomenología del espíritu* que la «historia comprendida» es el «calvario del espíritu absoluto». Según él, esta es, por una parte, el espíritu todavía bajo la forma de lo casual del ser aparente y, por otra, la «ciencia del saber aparente», una ciencia para la que su pluma ha sentado la base metódica con la *Fenomenología del espíritu*.

Hegel no podrá permanecer por más tiempo en Jena. Lo que él necesita ahora es un ingreso regular. Tal vez en Bamberg podría obtener un puesto como editor de un periódico político. Valdría la pena pasar allí una parte del invierno, aunque solo fuera para hacer las últimas correcciones en las galeradas y repasar los descuidos. Probablemente el manuscrito se haya desordenado por el camino y los pliegos parezcan billetes de lotería. Niethammer ha encontrado en Bamberg un puesto en el campo de la enseñanza. De momento podría vivir con él. De algún modo Hegel debe restablecerse lo antes posible. El tiempo apremia. La guerra tiene muchas caras.

Sin duda, Hegel tiene que escribir una carta a Niethammer, quiere informarle sobre todo lo que ocurre aquí. Le hablará del 13 de octubre de 1806, del día en que el ejército prusiano y sajón huyó de la ciudad y dejó vía libre a las tropas francesas. Le relatará la víspera de la batalla junto a Jena y Auerstedt, en la que la armada prusiana sufrió una derrota aplastante después de que el duque de Brunswick, Karl Wilhelm Ferdinand, hermano de Ana Amalia, la duquesa madre de Weimar, hubiera de abandonar el campo de batalla gravemente herido, pues una bala perdida de fusil le había destrozado los dos ojos. Tuvieron que sacarlo de allí en una camilla, dada la gravedad del estado del comandante en jefe. Le hablará de la casa Döderlein, que permaneció incólume en medio de los repetidos incendios en la ciudad. Le informará de la carta que Goethe envió desde Weimar pocos días más tarde para preguntar cómo les va a sus amigos en Jena y para decirles que el duque y la duquesa se encuentran bien.

El comienzo del semestre se aplaza indefinidamente.

El curso de sus vidas
Qué fue de ellos

Novalis

El amigo ha muerto, pero su obra sigue viva. Friedrich Schlegel y Ludwig Tieck, ya un año después de la muerte de Novalis en Weissenfels, reúnen lo que pueden: lo que quedó sin acabar, lo disperso, lo descuidado. Se proponen editar todos los escritos: desde *Los himnos a la noche,* publicados todavía durante su vida, hasta la novela *Enrique de Ofterdingen,* que había quedado fragmentaria. También cae en manos de Schlegel y Tieck el manuscrito del discurso que su compañero pronunció en Jena en noviembre de 1799. Deciden publicarlo en extractos, y el discurso aparece completo en una nueva edición de los escritos en 1826. La obra de Novalis se convierte rápidamente en prototipo del Romanticismo; y el símbolo de la flor azul, que él acuñó, pasa a ser una imagen de la búsqueda de lo infinito, que se nos escapa una y otra vez. En un mundo desencantado su llamada a un nuevo encantamiento resuena con más claridad aún.

August Wilhelm Schlegel

No quiso otra cosa: hasta 1817 permaneció Wilhelm al servicio de Germaine de Staël, más de trece años, muchísimo tiempo. Gracias a Dios, los viajes lo sacaron una y otra vez de la pequeña Suiza, hacia Viena, París, Dresde y Weimar. Entretanto, las traducciones progresan: Dante, Cervantes, Calderón, Shakespeare. Solo la muerte de Germaine de Staël rompe el vínculo. Wilhelm vuelve a las aulas y ocupa la primera cátedra de indología en Alemania, concretamente en la recién fundada Universidad de Bonn. Heinrich Heine asistió a sus clases de literatura. Las traducciones de Schlegel en los «Shakespeare-Klassiker» se hallan ellas mismas entre los clásicos de la literatura moderna.

Caroline Schelling

Caroline agradece estar casada finalmente con Schelling. Es lo último que le ha quedado. Ella tampoco lo tiene fácil en Wurzburgo y Múnich, hacia donde ha seguido a su marido sin vacilaciones. Todavía sigue expuesta a enemistades sociales, la tienen por la «Señora Lucifer», su pasado la persigue. De todos modos, en Múnich se encuentra con Clemens Brentano, y también Tieck pasa a veces por allí. Pero el círculo en torno al matrimonio Schelling permanece limitado. El 7 de septiembre de 1809, durante una visita a los padres de Schelling en Maulbronn, le sobreviene el mismo destino que a su hija Auguste.

Y Schelling, igual que entonces, se ve arrojado a una profunda crisis vital, hasta el punto de que esta vez ya no se recuperará. La lápida en el sepulcro de Caroline está adornada con la inscripción: «DESCANSA DELICADAMENTE, ALMA PIADOSA, HASTA LA ETERNA REUNIFICACIÓN. QUE DIOS, ANTE QUIEN ESTÁS, PREMIE EN TI EL AMOR Y LA FIDELIDAD, MÁS FUERTES QUE LA MUERTE». Hay desgarros que el tiempo no cura.

FRIEDRICH WILHELM JOSEPH SCHELLING

A finales de 1803 también Schelling abandona Jena: el príncipe elector Maximiliano José de Baviera quiere verlo en la Universidad de Wurzburgo. Pero también Wurzburgo se queda en un mero episodio. Ya en la primavera de 1806 pasa al servicio estatal de Baviera. Aquí se encuentra de nuevo con un antiguo conocido, con el que ahora vive en abierta enemistad: Friedrich Heinrich Jacobi, su jefe directo como presidente de la Academia Bávara de las Ciencias en Múnich. Frustrado en 1816 el intento de Goethe para que Schelling volviera a Jena, un puesto de profesor honorario lo conduce en 1821

a Erlangen, antes de que en 1827 lo llamen por fin a la Ludwig-Maximilians-Universität. El momento que Schelling había anhelado llega en 1841: en Berlín lo llaman a la cátedra de Hegel, muerto en 1831. Al final también su relación se había convertido en una enemistad abierta. Por eso fue tanto mayor su satisfacción. La asistencia es multitudinaria: entre sus oyentes se hallan Søren Kierkegaard, Friedrich Engels y Jacob Burckhardt. Todo lo que sube baja, y pronto en el aula solo se sientan algunas personas dispersas. Schelling se retira y muere a la edad de setenta y nueve años, en 1854, mientras se hallaba en un balneario de Suiza. Su filosofía no ha fundado ninguna escuela y ha quedado eclipsada por la de Hegel. Es Martin Heidegger el primero que lo descubre como el autor entre los idealistas alemanes que de manera más decisiva ha conducido el pensamiento más allá de sí mismo. Hoy el concepto de naturaleza de Schelling es más actual que nunca. La idea de que la naturaleza es ya siempre espíritu nos sensibiliza a la hora de relacionarnos con ella.

Dorothea Schlegel

Prometió a su exmarido Simon Veit que no se convertiría al cristianismo para mantener el derecho de custodia de su hijo. Cuando se acerca el matrimonio con Fritz en el año 1804 en París, incumple la promesa: Dorothea Veit, la hija de una distinguida familia judía, se hace protestante, y solo cuatro años más tarde incluso se convierte al catolicismo. Ella, igual que Fritz, da este paso del todo convencida, pues cree que no puede haber salvación fuera de la fe cristiana. Después de la muerte de su marido en el año 1829 en Dresde, va con su hijo, que ha madurado hasta convertirse en un artista destacado en el campo de las artes plásticas, a Frankfurt del Meno, donde Philipp Veit pasará a ser director del Museo Städel. Allí, en Frankfurt, muere Dorothea diez años más tarde. Como escritora y traductora es una de las figuras femeninas centrales del siglo XIX. No solo reclamó el derecho a la autodeterminación, sino que se lo tomó cuando fue necesario.

Friedrich Schlegel

Fritz, tras llegar a París, busca establecer contactos con el mundo intelectual. Pronto imparte lecciones y se sumerge cada vez más en el estudio del lenguaje, en concreto de la lengua persa y del sánscrito. Se le presenta una ocasión favorable para esto porque vive como subinquilino en la casa de Alexander Hamilton, investigador del sánscrito procedente de Inglaterra, uno de los expertos en lengua india. Fritz descubre el oriente para Europa, igual que en su momento había descubierto la Antigüedad, y empieza a editar una revista: *Europa*. Cuando un día Sulpiz y Melchior Boisserée, hijos de un acaudalado comerciante de Colonia, beneficiándose de una pensión se retiran en casa de Dorothea y Fritz, se abre una nueva perspectiva. Estos ciudadanos de Colonia están tan convencidos de las ideas de Fritz que lo invitan a ir a la ciudad del Rin. La única condición es que se case con Dorothea, quien a su vez ha de convertirse antes al cristianismo. Cuatro días después de que Napoleón se autoproclamara emperador de los franceses en Notre Dame, se celebran en secreto las ceremonias del bautismo y del matrimonio. Pero la odisea del espíritu no ha terminado aún en esta estación. En 1808 Fritz va a Viena junto con Dorothea, imparte lecciones sobre filosofía de la vida e, inesperadamente, muere de un derrame cerebral en 1829 durante una estancia en Dresde. La teoría de la novela de Schlegel revolucionó la forma de hablar sobre literatura: el lector asume la función de comadrona, es su constante autorreflexión crítica la que lleva el texto a la vida y lo reconfigura sin cesar.

Ludwig Tieck

Antes de que Fritz y Dorothea se marchen a París, hacen una parada intermedia en Dresde. Hasta aquí ha venido también Ludwig Tieck con su mujer Amalie y su hijita Dorothea. Fritz y él planean una edición de las obras completas de su amigo Novalis, que tendría que aparecer lo más pronto posible. Por lo demás, no se siente realmente atraído hacia ningún lugar. Una posibilidad sería quedarse en Dresde, ocupar allí un puesto de dramaturgo en el teatro de la corte y reunir a su alrededor un círculo de personas afines a las que impresionar con su arte de leer en voz alta, igual que en otros tiempos. No puede imaginarse que Federico Guillermo IV lo llamará a la corte de Berlín, donde morirá en el año 1853. ¿Qué palabras había puesto Tieck, en su *Genoveva,* en boca de Golo, el mayordomo del conde palatino?: «Así pasa ante nosotros el tiempo, frío e indiferente, no sabe de nuestros dolores, no sabe de nuestras alegrías, él, con mano gélida, nos introduce cada vez más en el laberinto; por fin nos deja estar, y nosotros miramos a nuestro alrededor y no podemos adivinar dónde estamos».

Apéndices

Cronología

1775

Johann Wolfgang Goethe llega a Weimar (7 de noviembre).

1781

Publicación de la *Crítica de la razón pura* de Immanuel Kant. Siguen la *Crítica de la razón práctica,* 1788, y la *Crítica del juicio,* 1790.

1785

Se funda en Jena la revista *Allgemeine Literatur-Zeitung.*

1789

Friedrich Schiller imparte en Jena su lección inaugural (26 de mayo). En París, la toma de la Bastilla anuncia el comienzo de la Revolución francesa (14 de julio).

1790

Friedrich Wilhelm Joseph Schelling se inscribe en la Universidad de Tubinga. En el seminario protestante se encuentra con Georg Wilhelm Friedrich Hegel y Friedrich Hölderlin.

1792

Una alianza entre Prusia y Austria da comienzo a la primera guerra de coalición contra Francia (20 de abril). La Convención Nacional depone a Luis XVI (21 de septiembre).

1793

Se proclama la República de Maguncia (18 de marzo). Dos semanas más tarde Caroline Böhmer ingresa en prisión (2 de abril) y queda en libertad tres meses después (5 de julio).

1794

Johann Gottlieb Fichte es llamado a la Universidad de Jena.

1796

August Wilhelm y Caroline Schlegel llegan a Jena por invitación de Schiller.

1797

Federico Guillermo III es coronado rey de Prusia (16 de noviembre).

1798

Febrero: muere Wilhelm Heinrich Wackenroder (13). Francia destruye el Estado Pontificio y crea la República Romana (15).

Mayo: se publica el primer número del *Athenaeum*. En Pentecostés, Schelling está de visita en Jena y se encuentra con Goethe y Schiller.

Junio: Clemens Brentano, estudiante de medicina, se inscribe en la Universidad de Jena. Aparece *Sobre el alma del mundo,* de Schelling.

Julio: August Wilhelm Schlegel y Schelling son llamados a la Universidad de Jena.

Agosto: Friedrich, August Wilhelm y Caroline Schlegel, Schelling, Novalis, Fichte y Johann Diederich Gries visitan juntos la galería de pinturas y la colección de antigüedades de Dresde.

Octubre: Schelling hace su aparición en Jena (5). Con el estreno de *El campamento de Wallenstein* de Schiller se inaugura el teatro restaurado de Weimar (12). Schelling imparte en Jena su primera lección (18). Acusan de ateísmo al *Philosophische Journal,* editado por Fichte y Niethammer.

1799

Enero: divorcio del matrimonio entre Dorothea Veit, apellidada Mendelssohn de nacimiento, y Simon Veit (11). Se estrena en Weimar la obra teatral *Los Piccolomini* de Schiller (30).

Marzo: se publica el *Primer esbozo de un sistema de filosofía de la naturaleza* de Schelling. Comienza la segunda guerra de coalición de una alianza dirigida por Rusia, Austria y Gran Bretaña (12).

Abril: despiden a Fichte de la universidad (1). Se estrena en el teatro de la corte en Weimar la obra de Schiller *La muerte de Wallenstein* (20).

Mayo: se publica la primera parte de *Lucinde,* de Friedrich Schlegel.

Julio: Fichte abandona Jena y se va a Berlín (1).

Agosto: el papa Pío VI muere en Valence (29).

Septiembre: Friedrich Schlegel llega a Jena (2).

Octubre: Dorothea llega a Jena con su hijo Philipp (6). El *Musen-Almanach,* editado por Schiller, publica la «Canción de la campana». Ludwig Tieck se establece en Jena con su familia.

Noviembre: Napoleón se convierte en el primer cónsul de la República francesa (10). En la Leutragasse se congrega el círculo de los Schlegel para un comentario de texto en común (11-15).

Diciembre: Schiller se traslada de Jena a Weimar (3). Tieck recita ante Goethe su drama *Genoveva* (5/6).

1800

Abril: Aparece el *Sistema del idealismo trascendental* de Schelling.

Mayo: Schelling abandona Jena para dar clases particulares en Bamberg (3).

Junio: la obra *María Estuardo* se estrena en el teatro de la corte de Weimar (14). Napoleón ataca Austria y consigue una victoria decisiva en la batalla de Marengo (14). Los Tieck se van de Jena.

Julio: Auguste Böhmer muere durante su estancia en el balneario Bad Bocklet en el Ruhr (12).

Agosto: Friedrich Schlegel obtiene su doctorado (23). Aparece el sexto y último número del *Athenaeum*. Novalis enferma de gravedad. Brentano se marcha de Jena.

Octubre: Schelling vuelve de Bamberg a Jena (5). Friedrich Schlegel imparte una clase de prueba (18).

Diciembre: Goethe, Schiller y Schelling celebran en la casa del Frauenplan el comienzo del nuevo siglo.

1801

Enero: Hegel llega a Jena.

Febrero: se firma en Lunéville el tratado de paz entre Francia y el Sacro Imperio Romano Germánico (9).

Marzo: se produce la disputa de Friedrich Schlegel como acto para la habilitación (14). Muere Novalis en presencia de su hermano Karl y de su novia Julie Charpentier en Weissenfels (25).

Octubre: August Wilhelm Schlegel comienza a impartir lecciones de literatura y bellas artes en Berlín.

Diciembre: Friedrich y Dorothea Schlegel dejan Jena para ir a París.

1802

Aparece el primer número del *Kritische Journal der Philosophie,* editado por Schelling y Hegel.

1803

Divorcio de Wilhelm y Caroline Schlegel (17 de mayo); matrimonio de Caroline y Schelling (26 de junio); a finales de año, Schelling es llamado a la Universidad de Wurzburgo. Germaine de Staël emprende con Benjamin Constant un viaje a Alemania (8 de noviembre).

1804

August Wilhelm Schlegel abandona Berlín y va a Suiza con Madame de Staël. Napoleón se autoproclama emperador de los franceses (18 de mayo).

1806

Las tropas francesas entran en Jena (13 de octubre). Un día más tarde el ejército prusiano y sajón es vencido y aniquilado en la batalla de Jena y Auerstedt.

1807

Publicación de la *Fenomenología del espíritu* de Hegel.

Bibliografía
Fuentes primarias y secundarias

Abeken, Rudolf: *Goethe in meinem Leben. Erinnerungen und Betrachtungen von Bernhard Rudolf Abeken,* Adolf Heuermann (ed.), Weimar, 1904.

Anónimo: «Schlegels Monolog nach Erscheinung des Hyperboreischen Esels», en: *Goldener Spiegel für Regenten und Schriftsteller,* Maguncia, 1801, págs. 103-104.

Anónimo: «Wann beginnt das neue Jahrhundert?», en: *Der Bote aus Thüringen,* Schnepfenthal, 1800, págs. 2-8.

Bamberg, Claudia, y Cornelia Ilbrig: *Aufbruch ins romantische Universum. August Wilhelm Schlegel,* Frankfurt del Meno, 2017.

Böttiger, Karl August: «Ueber die erste Aufführung der Piccolomini auf dem Weimarischen Hof-Theater», en: *Journal des Luxus und der Moden,* febrero de 1799, reimpreso en: *Schiller und sein Kreis in der Kritik ihrer Zeit,* Oscar Fambach (ed.), Berlín, 1957, págs. 434-440.

Campe, Elisabeth: *Aus dem Leben von Johann Diederich Gries. Nach seinen eigenen und den Briefen seiner Zeitgenossen,* Leipzig, 1855.

Caroline: *Briefe aus der Frühromantik,* 2 vols., Georg Waitz (ed.), Leipzig, 1913.

Doebber, Adolf: *Lauchstädt und Weimar. Eine theatergeschichtliche Studie. Mit 20 Tafeln und Abbildungen im Text,* Berlín, 1908.

Fichte, Johann Gottlieb: *Gesamtausgabe der Bayerischen Akademie der Wissenschaften, I. Werke; II. Nachgelassene Schriften; III. Briefe; IV. Kollegnachschriften,* Fichte-Kommission der Bayerischen Akademie der Wissenschaften, Stuttgart-Bad Cannstatt, 1962 y sigs.

Frank, Manfred: *Einführung in die frühromantische Ästhetik,* Frankfurt del Meno, 1989.

—, *«Unendliche Annäherung». Die Anfänge der philosophischen Frühromantik,* Frankfurt del Meno, 1997.

Förster, Eckart: *Die 25 Jahre der Philosophie. Eine systematische Rekonstruktion,* Frankfurt del Meno, 2011.

Frommann, Friedrich Johannnes: *Das Frommansche Haus und seine Freunde. Dritte durch einen Lebensabriß F.J. Frommanns aus der Feder Dr. Hermann Frommanns vermehrte Ausgabe,* Stuttgart, 1889.

Gamper, Michael, y Helmut Hühn: *Was sind Ästhetische Eigenzeiten,* Hannover, 2014.

Goethe, Johann Wolfgang: *Goethes Werke, hg. im Auftrag der Großherzogin Sophie von Sachsen, 143 Bde., Weimar 1887-1919, Nachdruck 1987, nebst Bd. 144-146, Nachtrage und Register zur IV. Abt.: Briefe, hg. v. Paul Raabe, Bde. 1-3,* Múnich, 1990.

Hartmann, Reinhold Julius: *Das Tübinger Stift. Ein Beitrag zur Geschichte des deutschen Geistesleben*, Stuttgart, 1918.

Hegel, Georg Wilhelm Friedrich: *Gesammelte Werke, in Verbindung mit der Deutschen Forschungsgemeinschaft, Nordrhein-Westfälischen Akademie der Wissenschaften und der Künste,* Hamburgo, 1968 y sigs.

—, *Werke in zwanzig Bänden. TheorieWerkausgabe,* Eva Moldenhauer y Karl-Markus Michel (eds.), Frankfurt del Meno, 1969 y sigs.

Henrich, Dieter: *Grundlegung aus dem Ich. Untersuchungen zur Vorgeschichte des Idealismus. Tübingen-Jena (1790-1794),* Frankfurt del Meno, 2004.

Hufeland, Christoph Wilhelm: *Leibarzt und Volkserzieher. Selbstbiographie von Christoph Wilhelm Hufeland,* Walter von Brunn (ed. y prefacio), Stuttgart, 1937.

Hühn, Helmut, y Joachim Schiedermair (eds.): *Europäische Romantik. Interdisziplinäre Perspektiven der Forschung,* Berlín/Boston, 2015.

Jaeschke, Walter (ed.): *Transzendentalphilosophie und Spekulation. Der Streit um die Gestalt einer Ersten Philosophie (1799-1807),* Hamburgo, 1993.

Kant, Immanuel: *Gesammelte Schriften, I. Abteilung: Werke (Bd. 1-9); II. Abteilung: Briefwechsel (Bd. 10-13); III. Abteilung: Nachlaß (Bd. 14-23); IV. Abteilung: Vorlesungen (Bd. 24-29), Berlin-Brandenburgischen Akademie der Wissenschaften,* Berlín, 1900 y sigs.

Körner, Josef: *Romantiker und Klassiker. Die Brüder Schlegel in ihren Beziehungen zu Schiller und Goethe,* Berlín, 1924.

Koselleck, Reinhart: *Vergangene Zukunft. Zur Semantik geschichtlicher Zeiten,* Frankfurt del Meno, 1989.

Kösling, Peer: *Die Familie der herrlich Verbannten. Die Frühromantiker in Jena. Anstöße-Wohnungen-Geselligkeit,* Jena, 2010.

Krippendorf, Johann Adam: *Schilderungen der merkwürdigsten Kriegsbegebenheiten bei Auerstädt. Von einem Augenzeugen und Führer des Herzogs von Braunschweig*, Apolda y Stadtsulza, 1808.

Lyncker, Carl Wilhelm Heinrich Freiherr von: *Ich diente am Weimarer Hof. Aufzeichnungen aus der Goethezeit,* Jürgen Lauchner (ed.), Colonia/Weimar/Viena, 1997.

Müller, Gerhard, Klaus Ries y Paul Ziche (eds.): *Die Universität Jena. Tradition und Innovation um 1800,* Stuttgart, 2001.

Nicolai, Friedrich: *Beschreibung einer Reise durch Deutschland und die Schweiz, im Jahre 1781. Nebst Bemerkungen über Gelehrsamkeit, Industrie, Religion und Sitten*, vol. 11, Berlín, 1796.

Paul, Gertrud: *Die Schicksale der Stadt Jena und ihrer Umgebung in den Oktobertagen 1806. Nach den Quellen dargestellt,* Jena, 1920.

Paulus, Heinrich Eberhard Gottlob: *Entdeckungen über die Entdeckungen unserer neuesten Philosophen. Ein Panorama in fünfhalb Acten und einem Nachspiel*, Bremen, 1835.

Petersdorff, Dirk von, y Ulrich Breuer (eds.): *Das Jenaer Romantikertreffen im November 1799. Ein Streitfall*, Paderborn, 2015.
Ratjen, Henning: *Johann Erich von Berger's Leben. Mit Andeutungen und Erinnerungn zu J.E. v. Berger's Leben*, Hamburgo, 1835.
Rosa, Hartmut: *Beschleunigung. Die Veränderung der Zeitstruktur in der Moderne*, Frankfurt del Meno, 2005.
Sandkaulen, Birgit: *Grund und Ursache. Die Vernunftkritik Jacobis*, Múnich, 2000.
Schelling, Friedrich Wilhelm Joseph: *Sämmtliche Werke [SW], I. Abteilung: 10 Bde. (= I-X); II. Abteilung: 4 Bde. (= XI-XIV)*, Karl Friedrich August Schelling (ed.), Stuttgart/Augsburgo, 1856 y sigs.
—, *Historischkritische Ausgabe*, I. *Werke; II. Nachlaß; III. Briefe, Schelling-Kommission der Bayerischen Akademie der Wissenschaften*, Stuttgart-Bad Cannstatt, 1976 y sigs.
Schief, Walter: *Goethes Diener*, Berlín/Weimar, 1965.
Schierenberg, Karl-August: *«In Goethes Haus-in Goethes Hand». Goethe und seine Diener und Helfer*, Wetzlar, 1994.
Schiller, Friedrich: *Schillers Werke*, Julius Petersen, Lieselotte Blumenthal y Benno von Wiese (eds.), Weimar, 1943 y sigs.
Schlegel, Friedrich: *Kritische Friedrich Schlegel Ausgabe*, Ernst Behler (ed.) con la colaboración de Jean-Jacques Anstett, Hans Eichner, Paderborn *et. al.*, 1958 y sigs.
See, Klaus von, y Helena Lissa Wiessner (eds.): *Die Schlacht von Jena und die Plünderung Weimars im Oktober 1806*, Heidelberg, 2006.
Segebrecht, Wulf (ed.): *Romantische Liebe und romantischer Tod. Über den Bamberger Aufenthalt von Caroline Schlegel, Auguste Böhmer, August Wilhelm Schlegel, und Friedrich Wilhelm Joseph Schelling im Jahre 1800*, Bamberg, 2000.
Speyer, Karl Friedrich: *Dr. A.F. Marcus nach seinem Leben und Wirken geschildert von seinem Neffen Dr. Speyer und Dr. Marc. Nebst Krankheits-Geschichte, Leichenöffnung, neun Beilagen und dem vollkommen ähnlichen Bildnisse des Verstorbenen*, Bamberg/Leipzig, 1817.
Steffens, Henrik: *Was ich erlebte. Aus der Erinnerung niedergeschrieben*, 4 vols., Breslau, 1840.
Stoll, Adolf: *Der Maler Johann Friedrich August Tischbein und seine Familie. Ein Lebensbild nach den Aufzeichnungen seiner Tochter Caroline*, Stuttgart, 1923.
Tilliette, Xavier (ed.): *Schelling im Spiegel seiner Zeitgenossen*, 2 vols., Turín, 1974/1981.
Waltershausen, H.G.: *Der Diener seiner Exzellenz*, Stuttgart, 1949.
Wolzogen, Caroline von: *Schillers Leben. Verfaßt aus Erinnerungen der Familie, seinen eigenen Briefen und den Nachrichten seines Freundes Körner*, Stuttgart/Tubinga, 1830.
Zollinger, Max: «Das Schweizer Tagebuch von Goethes Famulus», en: *Neue Zürcher Zeitung*, 18 de octubre de 1931.

Notas

PRIMERA PARTE: LA REVOLUCIÓN INACABADA

En el ojo del huracán

1. Schelling publicó en 1802 los escasos frutos de este trabajo poético con el seudónimo de Bonaventura en el *Musen-Almanach*, editado por Wilhelm y Tieck.

2. Así se expresa Caroline el 14 de octubre de 1798 dirigiéndose a Fritz. Este responde: «Pero Schelling, el granito, ¿dónde encontrará una granita? Ella tiene que ser por lo menos de basalto».

3. Carl Leonhard Reinhold, profesor en Jena desde 1787, preparó el camino a la recepción de Kant con sus *Cartas sobre la filosofía kantiana*, iniciadas en 1787.

4. Los contemporáneos describen el aspecto externo de Schiller como caprichoso y tirando al mal gusto. Así, Göritz, mayordomo de Jena, decía que la manera de vestir de Schiller daba a «toda su figura» una nota de extravagancia, sobre todo por las rodillas, que se entrecruzaban, y por los pies doblados hacia fuera.

5. Esta se produjo en 1792, en Erfurt, durante las fiestas de Año Nuevo en casa del gobernador del electorado de Maguncia. En un viaje de convalecencia a Rudolstadt, Schiller trabajaba en su *Historia de la Guerra de los Treinta Años*, que supuso el punto de partida de su posterior *Wallenstein*.

El riesgo de la libertad

1. En *Poesía y verdad* escribe Goethe sobre lo que desearía estudiar: «Toda mi confianza descansaba en hombres como Heyne, Michaelis y algunos otros; mi ardiente deseo era sentarme a sus pies y escuchar sus enseñanzas».

2. Georg Christoph Lichtenberg expresó el concepto en una carta a Georg Forster del 30 de septiembre de 1790.

3. Goethe vertió las vivencias de su primera expedición militar con el duque en su *Campaña de Francia y cerco de Maguncia*, de 1822. En esta obra

se encuentra también la famosa frase que Goethe parece haber pronunciado en la noche posterior al cañonazo de Valmy: «Aquí y en el día de hoy, comienza una nueva época de la historia universal, y podréis siempre decir que estuvisteis presentes». Al día siguiente, el 21 de septiembre de 1792, se proclamó en París la República francesa.

4. En el ejército prusiano figuraba también entonces el sargento Heinrich von Kleist, de quince años de edad. Este glorificará retrospectivamente su misión militar en una carta del 28 de julio de 1801 a Adolphine von Werdeck: «Mi corazón se derretía bajo tantas impresiones que infundían entusiasmo, mi espíritu aleteaba voluptuosamente como una mariposa sobre flores con olor a miel».

5. Forster manifestó esta sospecha en una carta a Christian Friedrich Voss del 21 de diciembre de 1792.

6. Allí Wilhelm le proporcionó un refugio a través de Georg Joachim Göschen, editor de Leipzig. Wilhelm pronto tuvo que volver a Ámsterdam, y Caroline recibió repetidas visitas de Fritz durante su embarazo.

7. Durante largo tiempo se creyó que la casa de Fichte, el actual Museo de los Románticos, era la de Schlegel. Sobre el desconcierto en torno al emplazamiento real de la casa, cf. Peer Kösling: *Die Familie der herrlich Verbannten. Die Frühromantiker In Jena. Anstösse - Wohnungen - Geselligkeit* [La familia de los deliciosamente desterrados. Los románticos tempranos en Jena. Escándalos, viviendas, vida social], 2010.

Afectuosamente, su mundo exterior

1. Los gremios de estudiantes se fundaron en el siglo XVIII según el modelo de la masonería, y la autoridad los vigilaba con ojos críticos. Los cuatro más importantes, a saber, los Amicistas, los Constantistas, los Unionistas y los Armonistas, se encontraban todos en Jena. También Fichte, que más tarde se distanció con vehemencia de los vínculos de los gremios, cuando estudiaba en Leipzig perteneció a los Armonistas.

2. En 1792, cinco estudiantes pertenecientes a los Constantistas huyeron de la universidad por desobedecer la prohibición de los duelos de los «chocolatistas». Cuando posteriormente se produjeron disturbios, el 14 de julio de 1792, las tropas ducales entraron en Jena. El 19 de julio los estudiantes abandonaron la ciudad en señal de protesta. La universidad cedió y las tropas se retiraron.

3. La torre es literalmente roja desde 1780, cuando el conjunto de piedra natural fue revestido de mampostería a la vista.

4. Schiller escribió el 28 de octubre de 1794 a Goethe: «Según las manifestaciones verbales de Fichte [...], el *yo* es creador también a través de sus representaciones, y toda la realidad está solamente en el yo. El mundo es para él tan solo una pelota, que el yo ha arrojado y que vuelve a recoger en la reflexión. Con ello ha declarado realmente su divinidad, tal como esperábamos».

5. El 19 de febrero de 1829 Johann Peter Eckermann anotó la observación de Goethe: «Me congratulo por ser en mi siglo el único que en la difícil ciencia de la teoría de los colores sabe lo que responde a la realidad, y soy consciente de mi superioridad».

6. Goethe dice haber hecho este descubrimiento el 27 de marzo de 1784, junto con Johann Christian Loder, en la torre de anatomía en Jena. Ese mismo día escribió a Herder: «No he encontrado oro ni plata, pero he hallado algo que me produce una alegría inefable, el hueso intermaxilar en el hombre [...], que es como una piedra angular para llegar al ser humano».

7. Este episodio ha sido transmitido por Henrik Steffens, que, además de asistir a las clases de Schelling en el semestre de invierno de 1798, escuchó también las lecciones de Fichte. *(Was ich erlebte. Aus der Erinnerung niedergeschrieben* [Lo que yo viví. Escrito a partir de los recuerdos], 4 tomos, Breslau 1840, pág. 80.)

Gran teatro

1. El 6 de mayo de 1774 un incendio devastó amplias zonas del castillo; Carlos Augusto pensó durante un tiempo en construir uno nuevo, pero al final optó por una reforma interior, encargada a Thouret.

2. Es también el nombre de un personaje cómico en la novela fantástica de Ludwig Tieck titulada *Die Vogelscheuche* (El espantapájaros), de 1835. La expresión aparece por primera vez en un pasaje que puede leerse como una alusión clara a la situación en Jena y en Weimar en torno a 1800: «Todo apremia y se agita más y más en caótica confusión [...], el Magister Ubique levanta la frente con sumo orgullo, el pequeño auscultador Ulf hace remilgos con sus poesías más que de costumbre, el joven abogado Alexander desde entonces se aparta por completo de nuestra sociedad, y mi padre se interesa por la poesía y la literatura [...]. Ahora en nuestros círculos se habla de *simpatía* y *antipatía,* palabras que antes no había escuchado ningún oído humano; allí hablan de progresos, de galvanismo y sincretismo, hasta provocar mareos».

3. Cf. Norbert Oellers: «Goethes Anteil an Schillers *Wallenstein*», en *Goethe-Jahrbuch 2005,* Gotinga, 2006, págs. 107-116.

Pausa artística en Dresde

1. A la glorificación de Dresde como ciudad artística de primer rango por parte de Winckelmann se une a su vez su concepción de la «imitación de los antiguos» como patrón del arte. De esta idea se aleja radicalmente la estética del genio de signo kantiano.

2. El 21 de septiembre de 1796 Friedrich Schlegel escribió a Christian Gottfried Körner: «Es sorprendente cómo él [Fichte] no tiene en absoluto ninguna idea de lo que no es él. La primera vez que tuve una conversación

con él me dijo que prefería contar guisantes a estudiar historia. En general, sin duda le resulta extraña toda ciencia que tiene un objeto».

SEGUNDA PARTE: EL AÑO REGALADO

El más bello caos

1. La traducción aparece en 1800 en la edición de Shakespeare en nueve tomos dirigida por Schlegel. Al mismo tiempo se llevó a escena la primera de sus traducciones: *Hamlet.* Wilhelm deseaba ver también en el teatro el drama de Enrique, con August Wilhelm Iffland en el papel de Falstaff.

2. Fritz había usado esta forma de hablar en relación con Caroline en una carta del 26 de agosto de 1797 a Auguste. Ahora ella le devuelve el golpe. Quien habla de las abejas platónicas, ha de contar con que le piquen las avispas ordinarias.

3. Así denigraba Karl August Böttiger la novela. Lo ponían nervioso sobre todo la «vergonzosa figura femenina de Lucinde» y la representación explícita del erotismo.

4. Uno de los testimonios más sorprendentes de esta manera de entenderse es el que ofrece August Wilhelm Schlegel, que el 13 de septiembre de 1799 escribió a Elisabeth von Nyus: «Dese usted cuenta de que toda la literatura alemana se encuentra en un estado revolucionario, y de que *nosotros,* mi hermano, Tieck, Schelling y algunos otros, formamos juntos el partido de la montaña. No tenemos que avergonzarnos, pues las cabezas son [...] Goethe y Fichte».

El sujeto presumido

1. Los súbditos pusieron este apodo popular a Federico Guillermo II, pues lo tenían por un inútil, en absoluto a la altura de las exigencias de su tiempo.

2. Fritz incluso planeaba escribir un panfleto titulado «Para Fichte. A los alemanes». Pero el polémico escrito quedó fragmentario y no se publicó.

3. Ya en el semestre de invierno de 1794-1795, la decisión de Fichte de anunciar sus lecciones magistrales «Sobre el destino del sabio» coincidiendo con las horas más habituales de culto le acarreó una denuncia ante el duque.

4. Goethe le contó la acción a Gottlob Voigt el 10 de abril de 1795. Böttiger aseguraba que Fichte, tras los ataques cada vez más duros contra él, por la noche no salía a la calle sin una pistola.

5. El 24 de octubre de 1798 el editor del *Philosophische Journal* dio a conocer la publicación del número. El 29 de octubre el consistorio superior

de Dresde lo denunció ante el príncipe elector de Sajonia y le pidió la confiscación inmediata de ese número de la revista. El 18 de diciembre, la corte de Weimar recibió del electorado de Sajonia un escrito de requisa. Fichte tuvo que justificarse ante sus señores territoriales.

6. En su *Escrito de respuesta* del 18 de marzo de 1799, Fichte escribió: «Yo no estoy hecho para esconderme [...]. Por tanto, quiero ser yo quien llame a las cosas por su nombre. Yo soy para usted un demócrata, un jacobino; así es. De una persona así calificada se cree cualquier cosa execrable sin mayor comprobación. Contra semejante ser no cabe cometer ninguna injusticia».

Espíritus serviciales

1. Desde el 3 de octubre de 1775, Luisa era la esposa del duque Carlos Augusto de Sajonia-Weimar.

2. La rapidez con que se difunden los versos de Schiller se pone de manifiesto también en que esta redacción ni siquiera es del autor. Lo que Schiller ha puesto en boca de Max Piccolomini, enamorado de su sobrina Thekla, es lo que sigue: «¡Oh, ha caído ya del cielo quien piensa en el cambio de las horas! Nadie feliz escucha el sonido de las horas».

3. La expresión, propuesta por Christoph Martin Wieland, da testimonio de la popularidad de la reciente novedad técnica. En 1786 incluso Friedrich Nicolai, editor de la *Allgemeine Deutsche Bibliothek,* se vio obligado a ampliar su revista con un artículo sobre las «bolas de aire». Trata extensamente el tema, con abundancia de fuentes, Rolf Denker, «Luftfahrt auf montgolfierische Art in Goethes Dichten und Denken» [Viaje aéreo al modo de Montgolfier en la poesía y el pensamiento de Goethe], en *Goethe. Viertelmonatsschrift der Goethe-Gesellschaft,* tomo 26 (1964), págs. 181-198.

4. La cuidadosa vigilancia del libro de cuentas era tanto más importante por el hecho de que Goethe estaba acostumbrado a vivir a lo grande. En sus primeros años en Weimar a veces gastaba más del doble de su sueldo.

5. De hecho, Goethe proporcionó a Johann Jacob Ludwig Geist un puesto de funcionario. Geist abandonó el servicio en 1804 y obtuvo el cargo de mayordomo para la revisión de cuentas.

6. Humboldt vivió en Jena entre 1794 y 1797. La región en torno al Saale le resultaba familiar, pues en 1791 se había casado en Erfurt con Caroline Dacheröden y con ella pasó los dos años siguientes en la propiedad de su familia en Turingia.

7. Goethe describió vivamente la escena en el artículo «Glückliches Ereignis» [Grato acontecimiento], que apareció veintitrés años después del encuentro (en 1817).

Abatir o ser abatido

1. La cita procede de «Schlegels Monolog nach Erscheinung des Hiperboreischen Esels» [El monólogo de Schlegel después de la aparición del asno hiperbórico], escrito en el que el autor anónimo se burla de la avidez de originalidad de Fritz.

2. La educación de los filósofos trae sus frutos, pues el hijo de trece años llegó a ser más tarde presidente del Banco Central de Holanda. No fue un segundo Alejandro Magno, pero su puesto no estaba nada mal.

3. Desde 1911 el retrato es atribuido a Ferdinand Bol.

4. Casada con Friedrich Ernst Carl Mereau, profesor de derecho en Jena. Schiller, que descubrió pronto su talento, publicó sus poemas en la revista *Horen*.

5. En el verano de 1798 Wilhelm había enviado a Goethe los dos primeros números del *Athenaeum*, y esperaba con impaciencia la reacción de Weimar. Mientras que Schiller se quejaba por carta de que la lectura le produjo «dolor físico», Goethe se deshizo en alabanzas a los hermanos Schlegel, y, en una carta de respuesta del 25 de julio de 1798, calificaba las publicaciones como un «avispero», en el que la mediocridad, «el vacío y la cojera» de las demás revistas encuentran un enemigo terrible.

El anciano de la montaña

1. El 24 de julio Goethe recibió en Weimar a Tieck, Wilhelm y Novalis juntos; en el curso de ese mismo día, Goethe escribió a Schiller que Tieck es «a primera vista una naturaleza muy soportable». Sin duda la comida le sentó bien a Goethe: «Él hablaba poco, pero bien, y en general aquí produjo muy buena impresión».

2. Esta metamorfosis de figuras ha de atribuirse a Rudolf Köpke, el Eckermann de Tieck. Köpke describió de la siguiente manera el primer encuentro con Goethe en la casa del Frauenplan: «Era él mismo: ¡Götz, Fausto, Tasso! Pero también estaba ante el soberano de la poesía en singular altura. En el primer golpe de vista lo llenó un sentimiento colosal, conmovedor».

3. Así llamaba Caroline a Tieck en una carta a Auguste del 4 de noviembre de 1799. Tieck, en sus años de Dresde (1819-1841), convirtió su virtuoso arte de recitar en un acontecimiento, y congregaba regularmente a su alrededor un círculo social.

«Intermezzo»

1. Así anticipaba Lichtenberg el futuro con una visión sorprendentemente amplia. El número de los planetas no se duplicó por completo, pero en todo caso el número de los cuerpos celestes conocidos ascendió en el

siglo XIX de 22 a 31, y, si bien las batallas aéreas de los pueblos se hicieron esperar todavía algunos decenios, se acreditó la tendencia a que resultara cierto todo lo que en torno a 1800 parecía exagerado.

Enfado con los evangelistas

1. Esta tuvo lugar el 15 de octubre de 1799 en el Real Palacio Nacional de Berlín; el papel principal recayó en August Wilhelm Iffland.

2. Esta limpieza general estaba ya dispuesta para finales de septiembre, o sea, antes de que Dorothea llegara a Jena. Si en este caso se ha desplazado hasta octubre, se debe a que nunca llega el momento de realizar semejante limpieza general, sobre todo cuando cae en otoño.

Soberanos sin reino

1. Precisamente Fritz y Wilhelm se habían dirigido a Fichte con la sugerencia de fundar una nueva revista. La víspera de Nochebuena, Fichte puso finalmente por escrito un plan de batalla.

2. El 16 de enero, pasados tres meses de su llegada a Jena, Dorothea en una carta a Schleiermacher designó la comunidad de vivienda como una «república de puros déspotas».

3. La traducción citada procede de Dorothea Tieck, la hija de Ludwig, que en ese momento apenas contaba medio año de edad y probablemente se hallaría en una blanda cuna junto a la estufa.

Tercera parte: El infatigable espíritu del mundo

Hortelanos y sabios

1. No es ninguna casualidad que Schlegel diera a sus clases el mismo título que Fichte había dado a sus primeras lecciones, pues en definitiva quería entrar en el Olimpo de la filosofía trascendental. Por desgracia no nos ha llegado el texto de esas lecciones.

2. En la decisiva sección sexta del *Sistema del idealismo trascendental* de Schelling leemos: «Si la intuición estética no es sino la trascendental hecha objetiva, se deduce con evidencia que el arte es a la vez el único órgano verdadero y eterno, así como el documento de la filosofía, un documento que testifica siempre y constantemente lo que esta no puede representar en modo externo, a saber, la conciencia en el actuar y producir, y su identidad originaria con lo sabido».

3. Con el deseo de erigir un monumento digno de Auguste, se puso en marcha un penoso proyecto. Johann Gottfried Schadow, Johann Dominicus Fiorillo, Heinrich Meyer, Goethe, Christian Friedrich Tieck y Bertel

Thorvaldsen estaban involucrados todos ellos, pero hasta hoy lo que decora el sepulcro de Auguste es un sencillo monolito.

Tiempos pesados como el plomo

1. Schelling elaborará este estado especial del espíritu como un principio de la filosofía. En las *Lecciones privadas* de Stuttgart (1810) afirma que toda vida lleva una «melancolía indestructible» inherente, porque tiene «por debajo» algo independiente de ella, algo con lo que está en insoluble contradicción.

2. La reseña de Steffens es rechazada con la excusa de que es todavía un alumno y en principio no se publican aportaciones de estudiantes. Pero en ese momento hacía tiempo que Steffens era profesor particular en la Universidad de Kiel.

3. El emplazamiento exacto de la vivienda permaneció ignorado durante largo tiempo; recientemente Johannes Korngiebel ha podido ubicarla. Se hallaba en la finca de la viuda de Johann Wolfgang Bieglein, profesor de esgrima en Jena, en la casa a la que Hegel se trasladó entre julio y octubre de 1801. Por tanto, Schlegel y él vivían uno enfrente del otro, aunque solo fuera por pocos meses. Cf. Johannes Korngiebel, «Hegel und Schlegel in Jena. Zur philosophischen Konstellation zwischen Januar und November 1801», en Michael Forster, Johannes Korngiebel, Klaus Vieweg (eds.), *Idealismus und Romantik in Jena. Figuren und Konzepte zwischen 1794 und 1807,* Paderborn, 2018 (en prensa).

4. Se trata de Leo von Seckendorff, que en un baile cortesano el día 18 de diciembre, por motivos claramente insignificantes, tuvo un altercado con el joven noble francés Félix du Manoir, y a la mañana siguiente resultó gravemente herido en el duelo.

5. Hay informaciones diferentes sobre el tipo de festividad y la fecha exacta de su celebración en Weimar. Cf. Henrik Steffens, *Was ich erlebte,* tomo 4, pág. 408; Norbert Oellers, «Allerlei Curiosa. Die Jahrhunderwende in Weimar vor 199 Jahren», en Marijan Bobinac (ed.), *Literatur im Wandel. Festschrift für Viktor Žmegač zum 70. Geburtstag,* Zagreb, 1999, págs. 5-24, en concreto, pág. 21; Jünger Beyer, «Die Veranstaltungsorte der Redouten in Weimar von 1770 bis 1835», en *Weimar-Jena. Die grosse Stadt* 8 (2015), págs. 352-390, en concreto, págs. 370 y sigs.

Hegel y los cascanueces

1. La mayoría de las veces no era más que un pesado ejercicio obligatorio; sin embargo, por lo menos en lo que se refiere al último sermón de Hegel, puede mostrarse que en él se anuncian ya motivos de la filosofía futura, en concreto problemas como el de la libertad humana. Cf. Friedhelm Nicolin, «Verschlüsselte Lösung. Hegels letzte Tübinger Predigt», en Anne-

marie Gethmann-Siefert (ed.), *Philosophie und Poesie. Otto Pögegler Zum 60. Geburtstag,* tomo 1, Stuttgart-Bad Cannstatt 1988, págs. 367-399.

2. No se sabe con certeza si también Hölderlin, Hegel y Schelling pertenecían al círculo de lecturas de Kant que se formó el año 1790 en Tubinga, pero es seguro que ese círculo pronto se deshizo. Cf. Dieter Henrich, *Grundlegung aus dem Ich. Untersuchungen zur Vorgeschichte des Idealismus,* Tubinga-Jena (1790-1794), 2 tomos, Frankfurt del Meno, 2004, págs. 716 y sigs.

3. Cf. Martin Bondeli: «Hegel in Bern», en *Hegel-Studien,* Suplemento 33, 1990.

4. Las verdaderas razones continúan sin conocerse. El 15 de mayo de 1795 Hölderlin se había inscrito en la universidad, antes de que a final de mes de pronto decidiera alejarse. En una carta a Schiller del 23 de julio de 1795, el poeta confiesa que la cercanía, buscada y necesitada por una parte, le había inquietado profundamente por otra.

Kant en quince minutos

1. La colección de textos *Literarische Zustände und Zeitgenossen* no apareció hasta tres años después de la muerte de Böttiger, en 1838, gracias a una edición de su hijo basada en el legado manuscrito.

2. A su llegada a Berlín, Wilhelm se hospedó al principio en casa de August Ferdinand Bernhardi, un antiguo compañero del *Athenaeum.* Su matrimonio con Sophie era todo menos feliz. Wilhelm aprovechó esta oportunidad. Cuando Sophie quedó embarazada, hizo que Wilhelm creyera ser el padre a fin de recibir su apoyo. En cualquier caso el verdadero padre era Karl Gregor Knorring, con el que poco más tarde ella se fue a Dresde.

3. En una carta del 11 de septiembre de 1814 Henrik Steffens escribió a Ludwig Tieck: «Tan cierto como es que el tiempo en que Goethe, Fichte, Schelling, Schlegel, tú, Novalis, Ritter y yo soñábamos todos unidos era rico en gérmenes de algún tipo, lo es también el hecho de que en el conjunto de todo eso había algo desaforado. Queríamos construir una torre de Babel espiritual que todos los espíritus reconocieran desde la lejanía».

4. Hegel usa esta fórmula en el artículo «Fe y saber», publicado también en *Kritische Journal,* en el primer cuaderno del segundo tomo, en julio de 1802.

Buscar tierra virgen

1. Caroline no se mostró especialmente entusiasmada cuando supo que en su antiguo domicilio se celebraban fiestas. El 26-27 de marzo de 1801 escribió a Wilhelm: «Espero que te lo hayan dicho antes, pero no me parece delicado el comportamiento de la señora Veit. Los Veit no tenían ninguna necesidad, en su vivienda hay una habitación que es igual de

grande. Y en cuanto a las cosas que han usado, toda la mantelería y la porcelana, de la que han ido desapareciendo bastantes piezas por el uso, es mi pequeña propiedad particular, y, dicho con toda brevedad, no la quiero prestar en el próximo banquete de doctorado».

2. Schiller introduce esta distinción en su lección inaugural de Jena el año 1789.

La víspera

1. Tras una disputa con Johann Friedrich Unger, quedó paralizado también el proyecto de Shakespeare, y el último tomo no apareció hasta 1810, tras una pausa de nueve años. En Berlín, Wilhelm encontró finalmente un editor para las traducciones de Calderón en Georg Andreas Reimer; las primeras aparecieron en 1803.

2. Tal como delata la posdata de Hegel a la carta del 13 de octubre de 1806 a Niethammer, pasó la primera noche después de la irrupción de los franceses en la casa del comisario Hellfeld. Johann Philipp Gabler contó que Hegel al día siguiente pasó brevemente por su casa antes de ponerse en camino hacia la de Frommann.

Índice onomástico

Alighieri, Dante, 13, 87, 89, 182
Ana Amalia de Brunswick-Wolfenbüttel, 17, 77, 118, 179
Ariosto, 87
Augusti, Johann Christian Wilhelm, 165, 167

Bach, Carl Philipp Emanuel, 103
Berger, Johann Erich von, 71
Bernhardi, Sophie (Sophie Tieck), 156
Bertuch, Friedrich Justin, 134
Böhme, Jakob, 98, 164
Böhmer, Auguste («Gustel»), 134, 164
Böhmer, Georg Wilhelm, 23
Böhmer, Johann Franz Wilhelm, 23, 157
Böhmer, Therese, 24
Böhmer, Wilhelm, 24
Boisserée, Melchior, 185
Boisserée, Sulpiz, 185
Böttiger, Karl August, 22, 41, 154, 158
Brentano, Clemens, 86, 88, 91, 158, 167, 182
Brown, John, 125, 130
Brunswick, duque de (Karl Wilhelm Ferdinand), 178-179
Bucholz, Wilhelm Heinrich Sebastian, 77
Buffon, conde de (Georges-Louis Leclerc), 156

Calderón de la Barca, Pedro, 87, 175
Canaletto (Giovanni Antonio Canal), 52
Carlos Augusto de Sajonia-Weimar-Eisenach, 15, 26, 28, 73, 114, 136, 138
Cervantes, Miguel de, 109
Charpentier, Johann Friedrich Wilhelm von, 163
Charpentier, Julie von, 163-164, 172
Constant, Benjamin, 152, 157
Custine, Adam-Philippe de, 23

D'Alembert, Jean le Rond, 156
Dalberg, Wolfgang Heribert von, 103
Descartes, René, 33
Diderot, Denis, 156
Döderlein, Johann Christoph, 30
Döderlein, Rosine Eleonore, 30

Engelhard, Philippine, 24
Engels, Friedrich, 184
Epicuro, 112
Erthal, Friedrich Karl Joseph von, 26
Ervoil d'Oyrè, Pierre François Ignace, 25

Federico I, 101
Federico II el Grande, 174

Federico Augusto III, 73
Federico Guillermo II, 67, 138
Federico Guillermo III, 67, 101
Federico Guillermo IV, 186
Fichte, Immanuel Hermann, 67, 71, 74, 118
Fichte, Johann Gottlieb, 15, 17-21, 28-29, 32, 36-38, 42, 44, 48-50, 53, 60, 63-64, 66-74, 90, 117-118, 124-125, 131, 135, 138, 141, 143, 149-150, 152, 158, 160
Fichte, Johanna, 19, 60, 71, 74, 118
Fleck, Ferdinand, 136
Forkel-Liebeskind, Meta, 24
Forster, Georg, 24, 177
Forster, Therese, 24, 25
Francisco II, 173
Frischlin, Philipp Nicodemus, 140
Frommann, Carl Friedrich Ernst, 108, 175-176
Frommann, Johanna, 176

Geist, Johann Jacob Ludwig («Carl»), 78, 80, 94
Goethe, August von, 98
Goethe, Johann Wolfgang von, 15, 19-20, 23, 25-26, 29, 35-37, 40-47, 58, 73, 76-78, 80, 82-85, 87, 90-98, 102-104, 112, 114, 116-117, 125, 132-134, 136-138, 144, 146-147, 151, 153-154, 158, 162-163, 179, 183
Goldoni, Carlo, 24
Götze, Paul, 80
Gries, Johann Diederich, 49, 86-87, 117, 131, 151
Grimm, Melchior, 156

Hamann, Johann Georg, 146
Hamilton, Alexander, 185
Hardenberg, Bernhard von, 164
Hardenberg, Caroline von, 110
Hardenberg, Friedrich von, *véase* Novalis
Hardenberg, Heinrich Ulrich Erasmus von, 168
Hardenberg, Karl von, 96, 109-110, 164, 172
Hegel, Georg Wilhelm Friedrich, 35, 136, 140-144, 146, 148-151, 159-162, 173-178, 184
Heidegger, Martin, 184
Heine, Heinrich, 182
Heráclito, 33, 149
Herder, Johann Gottfried, 41-42, 140, 146-147, 158
Herz, Henriette, 53
Heyne, Christian Gottlob, 24
Hölderlin, Friedrich, 35, 140-141, 143-144, 146, 148-149
Hufeland, Christoph Wilhelm, 125, 131
Hufeland, Gottlieb Heinrich, 28, 117, 131, 134, 137-138
Hufeland, Wilhelmine, 117-118
Humboldt, Alexander von, 78
Humboldt, Wilhelm von, 83
Hume, David, 24, 144

Iffland, August Wilhelm, 136

Jacobi, Friedrich Heinrich, 146-148, 183
Jonson, Ben, 94-95
Jungfer, Wenzel, 81-82

Kalb, Charlotte von, 102, 143
Kalckreuth, Friedrich Adolf von, 26
Kant, Immanuel, 15, 17-20, 28, 32-33, 62-63, 68-70, 73, 80, 87, 111, 140-142, 144, 146, 148, 152-153, 164
Kepler, Johannes, 140, 150
Kierkegaard, Søren, 184
Kirsten, Johann Friedrich Ernst, 165
Klippstein, Johann Dietrich, 151

Körner, Friedrich, 88
Kotzebue, August von, 42, 53, 87-88, 94, 118, 137
Kühn, Sophie von, 110, 163-164

Lavater, Johann Kaspar, 164
Lengefeld, Charlotte von, 84
Lenz, Johann Georg, 78
Lessing, Gotthold Ephraim, 146-147
Lichtenberg, Johann Christoph, 100
Loder, Justus Christian, 77
Luis Fernando de Prusia, 174
Luisa de Mecklemburgo-Strelitz, 67, 76, 101, 152

Marcus, Adalbert Friedrich, 125-126, 130
Maximiliano José de Baviera, 183
Mendelssohn, Moses, 17, 61, 116, 146-147
Mereau, Friedrich Ernst Carl, 158
Mereau, Sophie, 91, 158
Merkel, Garlieb Helwig, 53, 87-88, 94
Michaelis, Gottfried Philipp, 29
Michaelis, Johann David, 23
Montgolfier, Jacques Étienne, 77
Montgolfier, Joseph Michel, 77
Moritz, Karl Philipp, 147
Muilman, Henric, 89
Muilman, Willem Ferdinand Mogge, 89

Napoleón Bonaparte, 15, 111, 152-153, 159, 173-174, 176, 186
Newton, Isaac, 150
Nicolai, Friedrich, 53, 96
Niethammer, Friedrich Immanuel, 30, 71, 103-104, 134, 150, 178
Novalis (Friedrich von Hardenberg), 13-14, 21, 37, 48-50, 53, 60, 68-69, 93-94, 96, 108-112, 116-117, 143, 159, 163-164, 168-170, 172, 181, 186

Oetinger, Friedrich Christoph, 140
Oppenheimer, Samuel, 61
Ovidio, 169

Paulus, Heinrich Eberhard Gottlob, 71, 86, 150, 165
Pío VI (papa), 15
Platón, 127-129, 140, 150, 166

Rechenberg, Caroline von, 110
Rechenberg, Friedrich von, 110
Reinhold, Carl Leonhard, 28, 106
Ritter, Johann Wilhelm, 86, 109
Röschlaub, Andreas, 125, 130, 138
Rousseau, Jean-Jacques, 142, 153
Ruisdael, Jacob van, 52-53

Sachs, Hans, 112
Schelling, Dorothea Caroline Albertine, 13-14, 21-25, 29-31, 37, 42-44, 46-47, 49-50, 53, 58, 60-63, 74, 86-88, 91, 94-95, 108-110, 117, 124-126, 129-131, 133-134, 137-139, 149, 156-159, 165, 175, 177, 182-183
Schelling, Friedrich Joseph, 157
Schelling, Friedrich Wilhelm Joseph, 13-14, 20-21, 23, 31-33, 35-39, 41-44, 46, 48-50, 53, 68-69, 74-75, 86, 94, 103-104, 109, 111-112, 116-117, 123-126, 128-141, 143-144, 146, 148-151, 157-162, 166, 182-184
Schelling, Gottlieb, 129
Schiller, Caroline («Lolo»), 102
Schiller, Charlotte (Charlotte von Lengefeld), 20, 82, 84, 102
Schiller, Friedrich, 19-20, 30, 32, 36-37, 41-44, 46-47, 58, 60, 67, 70,

76, 80-85, 87-91, 95-96, 102-104, 106-107, 118, 124, 132, 136-138, 143, 150-151, 167-169
Schlegel, August Wilhelm («Wilhelm»), 13-14, 21, 29-31, 37, 42, 46-50, 53, 57-58, 61, 63, 68-69, 74, 87-92, 94-96, 108-109, 114, 116, 118, 125-127, 131, 133, 135, 138-139, 154, 156-163, 165, 168, 170, 175, 177, 182
Schlegel, Dorothea, 13-14, 22, 31, 53, 57-58, 60, 62-63, 66, 74-75, 91, 94-96, 98, 108-109, 118, 124, 135, 147, 159, 165, 167, 175, 177, 184-186
Schlegel, Friedrich («Fritz»), 13, 21, 31, 37, 42, 46-48, 52-53, 57-58, 60-61, 63-64, 66-69, 74-75, 87-89, 91-93, 95-96, 108-109, 111, 118, 123-129, 131, 135, 150, 158-160, 162-163, 165-170, 172, 175, 177, 181, 184-186
Schleiermacher, Friedrich, 53, 59, 66, 74, 93, 104, 111-112
Schlözer, Dorothea, 24
Schmid, Carl Christian Erhard, 168
Schöppner, Johann Georg, 129
Schütz, Christian Gottfried, 134
Shakespeare, William, 24, 57, 61, 109, 118, 175, 182
Sinclair, Isaac von, 143
Sixto II (papa), 50
Smidt, Johann, 71
Sócrates, 73, 164, 166
Spinoza, Baruch, 146-148
Staël, Germaine de, 152-154, 156-157, 182
Stäudlin, Gotthold, 143
Steffens, Henrik, 38, 86, 135, 137
Streicher, Andreas, 103
Sutor, Christoph, 80

Tasso, Torquato, 87, 95, 98
Thouret, Nikolaus Friedrich, 40
Tieck, Amalie, 86, 94, 186
Tieck, Dorothea, 186
Tieck, Ludwig, 13-14, 58, 74, 86, 93-96, 98, 108-109, 111, 116, 118, 156, 159, 181-182, 186
Tischbein, Betty, 109-110
Tischbein, Carl, 109
Tischbein, Caroline, 109-110
Tischbein, Sophie, 109

Veit, Philipp, 57, 62, 184-185
Veit, Simon, 61, 66, 147-148, 184
Vermeer, Johannes, 89
Vico, Giambattista, 106
Vohs, Johann Heinrich Andreas, 43
Voigt (consejero gubernamental), 28, 137
Voltaire (François-Marie Arouet), 114
Vulpius, Christiane, 78

Wackenroder, Wilhelm Heinrich, 93
Wedekind, Georg von, 26
Werner, Abraham Gottlob, 49, 163, 169
Wieland, Christoph Martin, 28, 72, 134
Winckelmann, Johann Joachim, 48
Wolff, Christian, 143

Zinzendorf, Nicolaus Ludwig von, 164

CRÉDITOS DE LAS ILUSTRACIONES

El editor hace constar que se han realizado todos los esfuerzos para localizar y recabar la autorización de los propietarios del copyright de las imágenes que ilustran esta obra, manifiesta la reserva de los derechos de la misma y expresa su disposición a rectificar cualquier error u omisión en futuras ediciones.

Pág. 27: Science Source / Album.
Pág. 45: A. Dagli Orli / Dea / Album.
Pág. 51: Gemäldegalerie Alte Meister / Album.
Pág. 65: Album.
Pág. 79: Universal Images Group / Universal History Archive / Album.
Pág. 97: © Erich Lessing / Album.
Pág. 105: Metropolitan Museum of Art / Album.
Pág. 115: Album.
Pág. 145: © Quintlox / Album.
Pág. 155: Laurent Lecat / Akg-images / Album.
Pág. 171: Akg-Images / Album.
Pág. 181: Akg-Images / Album.
Pág. 182: Akg-Images / Album.
Pág. 183: imagen superior: Granger, NYC / Album.
Pág. 183: imagen inferior: Picture Library / Album.
Pág. 184: Akg-Images / Album.
Pág. 185: Akg-Images / Album.
Pág. 186: Granger, NYC / Album.

Colección Tiempo de Memoria
(Historia, biografías, autobiografías y memorias)

81. Marcial Maciel
Los Legionarios de Cristo:
testimonios y documentos inéditos
Biografía
Fernando M. González

82. Al borde del abismo
Diez días de 1939
que condujeron a la guerra mundial
Historia
Richard Overy

83. Lealtad y traición
Jorge Semprún y su siglo
Biografía
Franziska Augstein

84. Vida, proceso y muerte
de Francisco Ferrer Guardia
Prólogo de Juan Avilés
Biografía
William Archer

85. En busca de la China moderna
Historia
Jonathan D. Spence

86. A cambio del olvido
Una indagación republicana (1872-1942)
XXIII Premio Comillas
Historia
Jon Juaristi y Marina Pino

87. Elogio de la imperfección
Memorias
Rita Levi-Montalcini

88. Goethe y Schiller
Historia de una amistad
Biografía
Rüdiger Safranski

89. Los hechos son subversivos
Ideas y personajes para una década sin nombre
Historia
Timothy Garton Ash

90. Rubens, el maestro de las sombras
Arte e intrigas diplomáticas en las cortes europeas del siglo XVII
Biografía
Mark Lamster

91. El caso Casas Viejas
Crónica de una insidia (1933-1936)
XXIV Premio Comillas
Historia
Tano Ramos

92. Améxica
Guerra en la frontera
Actualidad
Ed Vulliamy

93. Malaparte
Vidas y leyendas
Biografía
Maurizio Serra

94. La cara oculta de la belleza
Helena Rubinstein, L'Oréal y la historia turbia de la cosmética
Biografía
Ruth Brandon

95. Marie Bonaparte
Biografía
Célia Bertin

96. Especies en extinción
Memorias de un periodista que fue editor
Memorias
Juan Cruz Ruiz

97. Diario de guerra (1914-1918)
Diarios
Ernst Jünger

98. La daga y la dinamita
Los anarquistas y el nacimiento del terrorismo
Historia
Juan Avilés Farré

99. Crónica del Tercer Reich
Historia
Richard Overy

100. La aventura comunista de Jorge Semprún
Exilio, clandestinidad y ruptura
XXVI Premio Comillas
Historia
Felipe Nieto

101. La ruta de Lisboa
Una ciudad franca en la Europa nazi
Historia
Ronald Weber

102. Una curiosidad insaciable
Los años de formación de un científico en África y Oxford
Memorias
Richard Dawkins

103. Escritos libertarios
Edición de Lou Marin
Albert Camus

104. Por el gusto de leer
Beatriz de Moura, editora por vocación
Juan Cruz

105. Los amigos de Franco
Los servicios secretos británicos y el triunfo del franquismo
Historia
Peter Day

106. La espada y la palabra
Vida de Valle-Inclán
XXVII Premio Comillas
Manuel Alberca

107. Goethe
La vida como obra de arte
Rüdiger Safranski

108. El ocaso de la aristocracia rusa
Douglas Smith

109. El auténtico drama del niño dotado
La tragedia de Alice Miller
Martin Miller

110. Una luz fugaz en la oscuridad
Recuerdos de una vida dedicada a la ciencia
Richard Dawkins

111. Cartas a Katherine Whitmore
El epistolario secreto del gran poeta del amor
Pedro Salinas

112. La primavera de Múnich
Esperanza y fracaso de una transición democrática
XXVIII Premio Comillas
Jordi Amat

113. Corredor de fondo
Memorias
José Corredor-Matheos

114. El amargo sabor de la victoria
En las ruinas del Tercer Reich
Laura Feigel

115. Berlín, 1939
Dieciséis días de agosto
Oliver Hilmes

116. Un espía en la trinchera
Kim Philby en la guerra civil española
XXIX Premio Comillas
Enrique Bocanegra

117. Fernando VII
Un rey deseado y detestado
XXX Premio Comillas
Emilio La Parra

118. Largo proceso, amargo sueño
Cultura y política en la Cataluña contemporánea
Jordi Amat

119. Complicarse la vida
Una reportera en zona de conflicto (1937-1941)
Virginia Cowles

120. Las conspiraciones contra Hitler
Danny Orbach

121. Una lección olvidada
Guillermo Altares

122. La escritura y el poder
Andreu Navarra

123. Sovietistán
Erika Fatland

124. A finales de enero
La historia de amor más trágica de la Transición
XXXI Premio Comillas
Javier Padilla

125. El sombrero de Vermeer
Los albores del mundo globalizado en el siglo XVII
Timothy Brook

126. La herida perpetua
El problema de España y la regeneración del presente
Almudena Grandes

127. No era pecado
Experiencia de una mirada
Leopoldo Pomès

128. Los amnésicos
Historia de una familia europea
Géraldine Schwarz

129. Los años que todo lo cambiaron
Alberto Oliart

130. Un maestro de arquitectos en Barcelona
Conversaciones con Federico Correa
Federico Correa, Lluís Clotet, Elías Torres, David Ferrer y Oscar Tusquets

131. Cuando editar era una fiesta
Correspondencia privada
Edición de Enric Bou

132. Galdós. Una biografía
XXXII Premio Comillas
Yolanda Arencibia

133. Cuando la historia te quema las manos
Auden y Orwell entre dos guerras
Miquel Berga

134. Arthur Conan Doyle, investigador privado
Margalit Fox

135. Hölderlin
Rüdiger Safranski

136. Berlanga. Vida y cine de un creador irreverente
Miguel Ángel Villena

137. La frontera
Erika Fatland

138. La revolución imposible
Vida y muerte de Andreu Nin
Andreu Navarra

139. La república de los espíritus libres
Jena, 1800
Peter Neumann